DIÁLOGOS TRANSDISCI-PLINARES SOBRE A PENA:

artigos 32 a 120
do Código Penal

Otávio Augusto Ganzert Weinhardt
Raul Ferreira Belúcio Nogueira

Rua Clara Vendramin, 58 . Mossunguê . CEP 81200-170 . Curitiba . PR . Brasil
Fone: (41) 2106-4170 . www.intersaberes.com . editora@intersaberes.com

Conselho editorial Dr. Ivo José Both (presidente), Dr ª Elena Godoy, Dr. Neri dos Santos, Dr. Ulf Gregor Baranow ▪ **Editora-chefe** Lindsay Azambuja ▪ **Gerente editorial** Ariadne Nunes Wenger ▪ **Assistente editorial** Daniela Viroli Pereira Pinto ▪ **Preparação de originais** Fabrícia Eugênia de Souza ▪ **Edição de texto** Tiago Krelling Marinaska ▪ **Capa** Luana Machado Amaro ▪ **Projeto gráfico** Mayra Yoshizawa ▪ **Diagramação** Débora Gipiela ▪ **Equipe de design** Débora Gipiela ▪ **Iconografia** Regina Claudia Cruz Prestes

EDITORA AFILIADA

Dados Internacionais de Catalogação na Publicação (CIP)
(Câmara Brasileira do Livro, SP, Brasil)

Weinhardt, Otávio Augusto Ganzert
　Diálogos transdisciplinares sobre a pena: artigos 32 a 120 do Código Penal/Otávio Augusto Ganzert Weinhardt, Raul Ferreira Belúcio Nogueira. Curitiba: InterSaberes, 2021. (Série Estudos Jurídicos: Direito Criminal)

　Bibliografia.
　ISBN 978-65-89818-62-5

　1. Direito penal – Legislação – Brasil 2. Penas (Direito penal) 3. Processo penal – Brasil 4. Sanção penal I. Nogueira, Raul Ferreira Belúcio. II. Título. III. Série.

21-64554　　　　　　　　　　CDU-343(81)(094.4)

Índices para catálogo sistemático:
1. Brasil: Código penal　343(81)(094.4)
Cibele Maria Dias - Bibliotecária - CRB-8/9427

1ª edição, 2021.

Foi feito o depósito legal.

Informamos que é de inteira responsabilidade dos autores a emissão de conceitos.

Nenhuma parte desta publicação poderá ser reproduzida por qualquer meio ou forma sem a prévia autorização da Editora InterSaberes.

A violação dos direitos autorais é crime estabelecido na Lei n. 9.610/1998 e punido pelo art. 184 do Código Penal.

Sumário

9 ▪ *Apresentação*
15 ▪ *Introdução*

Capítulo 1
23 ▪ **Considerações historiográficas sobre a pena**
25 | Justiça negociada e justiça hegemônica de aparato
28 | Centralidade da pena de prisão
33 | História das penas no Brasil
39 | Para concluir

Capítulo 2
41 ▪ **Teorias da pena**
43 | Teorias legitimadoras
66 | Teorias deslegitimadoras
70 | Para concluir

Capítulo 3
73 ▪ **Princípios constitucionais da pena**
74 | Os princípios... eram um fim?
80 | Princípios e teoria (e aplicação) da pena
106 | Para concluir

Capítulo 4
109 ▪ Espécies de penas: penas privativas de liberdade
113 | Detenção ou reclusão?
114 | Regimes da pena privativa de liberdade
125 | Direitos e não direitos da pessoa presa
137 | Para concluir

Capítulo 5
139 ▪ Espécies de pena: penas restritivas de direitos e multa
141 | Tipos de penas restritivas de direitos
150 | Requisitos para aplicação das penas restritivas de direitos
155 | Pena de multa
159 | Para concluir

Capítulo 6
161 ▪ Cominação e aplicação das penas
162 | Método trifásico
189 | Para concluir

Capítulo 7
191 ▪ Concurso de crimes
193 | Concurso material
194 | Concurso formal
196 | Crime continuado
200 | Limite das penas
203 | Para concluir

Capítulo 8
205 ▪ **Suspensão condicional da pena e livramento condicional**
207 | Suspensão condicional da pena (*sursis*)
210 | Livramento condicional
213 | Para concluir

Capítulo 9
215 ▪ **Progressão e regressão de regime, detração e remição**
216 | Progressão de regime
220 | Regressão de regime
223 | Detração
224 | Remição
230 | Para concluir

Capítulo 10
233 ▪ **Efeitos da condenação e reabilitação**
235 | Efeitos da condenação
242 | Reabilitação
245 | Para concluir

Capítulo 11
247 ▪ **Medidas de segurança**
252 | O Código Penal de 1940 e a reforma de 1984
265 | A reforma psiquiátrica e a Lei n. 10.216/2001 no ordenamento jurídico atual
271 | Para concluir

Capítulo 12
273 ▪ **Ação penal**
275 | Ação penal e suas espécies
283 | Para concluir

Capítulo 13
285 ▪ **Extinção da punibilidade**
287 | Morte do agente
288 | Anistia, graça ou indulto
290 | Retroatividade de lei que não considera o fato como criminoso
291 | Renúncia do direito de queixa ou perdão aceito
292 | Retratação do agente
293 | Perdão judicial
294 | Prescrição, decadência ou perempção
295 | Para concluir

Capítulo 14
297 ▪ **Prescrição**
300 | Prescrição da pretensão punitiva
303 | Prescrição da pretensão executória
304 | Prazos e outras especificidades da prescrição
306 | Causas impeditivas e interruptivas da prescrição
308 | Para concluir: síntese das espécies de prescrição

309 ▪ *Considerações finais*
313 ▪ *Referências*
335 ▪ *Sobre os autores*

Apresentação

Estranhamente, crime e punição nos causam fascínio. Essas duas faces de uma mesma moeda mexem com o imaginário coletivo e, não raro, integram nosso cotidiano em nossas conversas banais, nos livros que lemos ou nos filmes a que assistimos. Invadem nossas casas pelas telas de televisão – vez ou outra como ficção, diariamente como realidade. Os noticiários anunciam todos os dias um crime aqui, uma prisão ali, uma fuga acolá. Há jornais, aliás, que têm nisso sua única pauta.

O crime, a figura imaginada do **criminoso**, as grades da prisão. É difícil pensar em outras coisas que nos interessem tão de perto e que ao mesmo tempo queiramos o mais longe possível de nós. Embora os motivos desse interesse coletivo sejam interessantíssimos e possam render uma bela discussão, não são bem eles que nos trazem aqui. Se você chegou a esta obra, é porque compartilha conosco um interesse acadêmico.

Este livro se apresenta como uma **teoria da sanção penal**. Do ponto de vista dogmático, corresponde ao conteúdo abrangido pela **Parte Geral** do Código Penal (CP), do seu art. 32 ao art. 120, com incursões pela Lei de Execução Penal (LEP), pelo Código de Processo Penal (CPP), e por tantos outros diplomas sempre que necessário. Entretanto, talvez não seja a exposição dessas regras o que melhor justifique **mais uma obra** dedicada ao estudo do direito penal. Por isso, iremos enfatizar a primeira palavra que você deve ter lido ao olhar para o conteúdo deste livro: *teoria*.

Somos dois autores que insistem na teoria. Temos trajetórias muito semelhantes, nas quais o interesse pelo penal sempre veio fortemente assentado na teoria. Fazemos uma leitura da dogmática pelas lentes de outros saberes, como a criminologia e a história, e apostamos nessa escolha.

Como docentes, vemos o quanto a maioria dos alunos e das alunas se preocupa com a **prática**, à qual a própria estrutura dos cursos jurídicos se volta cada vez mais. Não há nenhum problema nisso e certamente é papel de docentes e universidades tornar as pessoas aptas para os desafios do cotidiano forense. O erro, talvez, seja quando criamos uma falsa (e desnecessária) tensão entre teoria e prática, uma dicotomia que não existe. É o que tentaremos demonstrar.

Pensamos esta obra de uma forma que dogmática e senso crítico se misturam. Na medida do possível, não traçamos linhas divisórias entre conhecimento técnico e conhecimento teórico, pois não são duas dimensões apartadas. Termos conhecimento técnico sem crítica nos torna apenas tecnocratas, insensíveis à realidade social. Conhecimento teórico sem técnica, de modo semelhante, também pode nos alhear da realidade, pois a concretude se torna intangível.

Esta obra é voltada a quem está tendo seus contatos iniciais com a **sanção penal**, especialmente àquele que ainda está no início de seus estudos de direito. Nada impede, porém, que este material seja utilizado por um público mais familiar ao direito penal, inclusive aquele que o opera na prática. O enfoque, de todo modo, será no público universitário, em nome do qual buscamos o tênue equilíbrio entre didatismo e profundidade. Nosso objetivo foi o de escrever uma obra acessível, sem complicações desnecessárias, abuso de expressões latinas, debates inócuos etc., mas séria em seu conteúdo. Do mesmo modo que fugimos às complicações sem necessidade, evitamos as simplificações empobrecedoras, os esquemas, os macetes e os exemplos rocambolescos.

A obra está organizada de modo semelhante ao da ordem de institutos estabelecida pelo Código Penal. Em alguns momentos, as incursões fogem um pouco dele para tratar de temas relevantes que não pertencem ao direito positivado. Em outros, apenas utilizamos uma ordem de assuntos levemente distinta por finalidades didáticas.

Assim, iniciaremos nossa abordagem com considerações historiográficas sobre a pena (que, como veremos, não deixam de ser também considerações sobre o direito penal). Não trataremos aqui de fazer "mais do mesmo" e apresentar considerações anacrônicas que venham desde o Código de Hamurabi ou de qualquer outra referência que o valha: buscamos literaturas especializadas que tratem do direito penal na longa duração, em geral a partir do século XIII. Explicaremos as razões para essa operação no Capítulo 1.

Em seguida, no Capítulo 2, entraremos de cabeça nas teorias sobre a pena, dividindo-as em teorias legitimadoras e deslegitimadoras. Nos capítulos seguintes, faremos interlocuções entre ambas, buscando entender como um direito penal que se pensa legítimo funciona e, em seguida, questionando sua legitimidade – por vezes com argumentos de coerência interna, por vezes com diálogos interdisciplinares.

Um exemplo do que faremos a partir de uma necessidade de coerência interna é o nosso terceiro capítulo, em que destrinchamos alguns dos princípios relacionados à pena e os interpretamos com as lentes da dignidade humana. Concluímos, porém, com uma operação mais próxima da nossa segunda opção, recorrendo à criminologia para entender algumas contradições do direito penal.

Depois dos princípios, passaremos às espécies de pena conforme enumeradas no próprio Código Penal, assumindo (e lembrando), claro, que existem formas não oficiais de execução de penas e/ou punições. Nesse caso, dedicaremos o Capítulo 4 às penas privativas de liberdade e o Capítulo 5 às penas privativas de direitos e à pena de multa.

Após termos visto, então, quais são as penas passíveis de aplicação em nosso ordenamento, passaremos à seguinte pergunta: como fazer com que uma pena corresponda a um delito? Para respondê-la, elaboramos o Capítulo 6, sobre cominação e aplicação das penas. Pensando neste último tópico, o que fazer quando a pessoa comete mais de um crime com a mesma ação ou vários crimes com várias ações, por exemplo? Para endereçar essa confusão, seguimos ao Capítulo 7, para falar sobre concurso de crimes e também sobre o limite das penas. Afinal, elas dificilmente ficarão acima do máximo legal sem ser pelo cometimento de mais de um delito.

E será que essas penas são sempre aplicadas do jeitinho que saem da sentença ou há alguns benefícios que podem, ou não, ser aplicados? Assim vamos ao estudo da suspensão condicional da pena e do livramento condicional (Capítulo 8) e da progressão e regressão de regime (Capítulo 9). Já no Capítulo 9, trataremos de tema relacionado, a progressão e a regressão de regime. Alguns desses institutos levam à soltura, outros não; alguns terminam o cumprimento da pena, outros não; e assim definimos mais uma pergunta: o que acontece quando a pena termina?

Enquanto a pena está vigente, a condenação não tem impactos apenas na restrição de liberdade do/a condenado/a, mas também efeitos, digamos, colaterais, que quase sempre cessam apenas com a reabilitação. A esses dois temas dedicaremos o Capítulo 10.

No Capítulo 11, abordaremos um ponto bastante complexo: as medidas de segurança. Elas são (nós defendemos que *foram*) a resposta dada pelo Estado à pessoa com transtornos mentais, como hoje dizemos, que tenha cometido ação definida como crime. Defendemos que as medidas de segurança foram tacitamente revogadas por legislação e institutos posteriores, especialmente pela Lei n. 10.216/2009. Falaremos mais disso no decorrer do capítulo.

Chegando já ao fim da parte geral, trabalharemos, no Capítulo 12, com a ação penal, que trata menos da ação em si e mais de quem pode (em alguns casos, deve) propô-la. Em regra, as ações penais são propostas pelo Ministério Público, ainda que haja casos em que o/a próprio/a particular deve propor; em outras hipóteses, o encargo é do Ministério Público, desde que o/a particular represente.

Por fim, nos Capítulos 13 e 14 trataremos justamente disto: o fim, ou seja, quando se acaba a punibilidade de uma pessoa, ainda que ela tenha cometido um ou mais delitos.

Em nossas considerações finais focamos em lembrar que o direito penal não está afastado do mundo, e nem o mundo dele! É sempre importante lembrar que essa área do direito não é linda, é terrível. É a economia da nossa dor e do nosso sofrimento como sociedade, e é preciso refletir e agir sobre essa realidade. Este é, na verdade, nosso convite com esta obra: pensar e agir sobre o direito penal. Como teoria, como prática ou na reunião de família, mas pensar o direito penal.

Esperamos que você goste da obra e lhe desejamos uma boa leitura!

Introdução

Pensar a pena pode parecer uma tarefa simples à primeira vista. Afinal, ela parece uma daquelas instituições **tão antigas quanto o mundo é mundo**, tão certas quanto o **dia de amanhã**. Ora, pena, mais especificamente, pena de prisão, é a resposta do Estado a quem cometeu um crime, ponto. Vamos para o próximo tópico?

Não é bem assim. Talvez o simples fato de tratarmos a pena – mais especificamente, a pena de prisão – como algo fora de questão sugira justamente o quão importante é endereçarmos esse assunto. E este será o nosso primeiro tópico: pensarmos a pena; pensarmos como pensar a pena.

Claro que a teoria do delito nos define as ações ou omissões típicas, ilícitas, culpáveis e também puníveis (se ficamos com a chamada teoria quadripartida do delito). Mas definimos o que é um delito em função da possibilidade de aplicação ou não de uma sanção... penal. omissões típicas, ilícitas, culpáveis e puníveis (se ficamos com a chamada *teoria quadripartida do delito*). Contudo, definimos o que é um delito quanto à possibilidade de aplicação ou não de uma sanção... **penal**. A própria busca por definir se determinada conduta é ou não um crime só se justifica se compreendermos (e criticarmos) a pena que será aplicada como "resposta" a esse delito. Ela, por fim, justifica o direito penal em sua totalidade, justifica uma economia da dor, guiada, em maior ou menor medida, pelos Estados. Tanto é assim que, já há um certo tempo (desde 1890) na tradição brasileira, não mais nos referimos a esse campo do direito sob o título de *direito criminal*, mas preferimos enfatizar a pena, por isso, *direito penal*.

Por que punimos? Por que punimos com restrição de liberdade? Para que serve a pena? Quais são seus objetivos? Perguntas como essas podem nos ajudar a entender os vários sistemas e ordenamentos jurídicos penais. Podem nos dar evidências claras do quão democrática (ou quão autoritária) é determinada sociedade; do quão in(ou ex)clusivista é o ordenamento de um dado Estado; podem nos auxiliar a entender como é a relação entre soberanos/as e súditos/as, governantes e governados/as; a reconhecer o valor da vida para um ordenamento. Podem, enfim, constituir as perguntas exatas para um diagnóstico certeiro das feridas e dos curativos de sociedades em conflito constante.

Por que punimos?

Algumas intuições do senso comum podem nos ajudar a tentar lidar com esse pequeno-grande desafio. É comum, por exemplo, vermos pais/mães/responsáveis que aplicam castigos quando a criança em fase de educação faz algo **errado**, como pôr o dedo na tomada. Esse costume de aplicar castigos pode ter diferentes fundamentações: uma primeira nos diria, por exemplo, "eu disse que não podia fazer isso e você foi lá e fez!". Nesse caso, a punição parece ter uma função de reafirmar a autoridade da pessoa responsável pela educação da criança. Outra possibilidade seria a de que tal castigo tenha sido aplicado para que essa mesma criança não mais agisse daquela forma perigosa, e a punição teria, assim, uma função "pedagógico-preventiva". Uma terceira possibilidade seria a da aplicação do castigo na frente de outras crianças; nessa hipótese, todas saberiam, então, o que lhes poderia acontecer se enfiassem o dedo na tomada.

O direito penal, em muitas situações, se aproximou dessas justificativas já encontradas na cultura popular para explicar por que punimos. Mas não podemos deixar de reparar, nesse caso, que a pergunta está, de início, viciada. Não estamos perguntando se deveríamos aplicar punições, mas por quê. Isso tem implicações profundas porque assumimos que a única maneira de lidar com uma criança que põe o dedo na tomada é aplicar um castigo. Agora, a punição funciona? Seria ela a melhor forma de evitar comportamentos indesejáveis? Diz o ditado que toda boa pergunta tem uma resposta simples e rápida, porém, errada. Esse parece ser o caso aqui. Um belo "**sim**" parece ser a resposta que escutamos de todos os lados para ambas as perguntas: programas sanguinários na TV da hora do almoço, políticos/as inflamados/as, tios e tias nos churrascos de família e até mesmo penalistas mais tradicionalistas.

Uma breve incursão na psicologia comportamental pode nos dar uma resposta diferente. Buscando responder a essa mesma pergunta, Murray Sidman (2009, p. 80-81) nos diz que a ideia de aplicar a punição pode, sim, ser aplicar uma vingança ou retribuição para determinado mal, mas que, na maioria das vezes, o que se quer é controlar o comportamento de outrem, é levar as pessoas a agirem diferentemente. A punição pode se dar ao retirar do contexto de determinada pessoa algo que ela considera positivo, como um brinquedo que a criança goste (hoje em dia, provavelmente um celular ou *tablet*), ou a liberdade e o convívio social de uma pessoa sentenciada por um delito. Outra opção seria aplicar uma punição que, ao invés de remover algo positivo, acrescenta algo negativo: um espancamento ou uma prisão torturante e indigna (como é o caso da maioria das prisões brasileiras), por exemplo.

O que ocorre, porém, é que a punição é aversiva e gera reação, uma reação muitas vezes tão violenta quanto a própria pena ou o delito que a despertou. Se o objetivo é (ou fosse) realmente o controle social, há maneiras muito mais efetivas de se lidar com o comportamento alheio e de guiar condutas. Às vezes, parece que apenas o direito (e especialmente o direito penal) ainda não entendeu isso.

Talvez o medo da punição leve as pessoas a consumir determinadas drogas e não outras – ou a consumir **mais** de algumas drogas do que de outras ou a consumir **algumas drogas** em determinados contextos e outras em outros. Mas o medo da punição não faz com que as pessoas parem de comprar ou vender drogas ilícitas, e seu consumo apenas aumenta (e esse é o crime que mais se pune no Brasil). Ao mesmo tempo, o consumo de cigarros diminuiu drasticamente nos últimos anos, não por punirmos seu consumo, mas por nos utilizarmos de outros recursos para desincentivar sua venda, como limitar sua propaganda, conscientizar a população sobre seus riscos, aumentar impostos sobre essa substância etc. Assim, podemos inferir que a ameaça de uma punição não é a melhor forma de evitar determinadas condutas.

Agora convidamos você, caro/a leitor/a, a pensar no que o leva a se comportar desta ou daquela maneira. Pense nas suas situações cotidianas e muito provavelmente você chegará à conclusão de que o medo da punição geralmente aparece muito mal colocado no seu *ranking* de prioridades. É claro que muitos de nós freamos o carro só um pouquinho antes do radar, para evitar a multa. Mas será que a razão de não andarmos a 120 km/h em um bairro residencial de ruas estreitas não se liga muito mais a outras questões? Mesmo porque **as chances reais de tomarmos uma multa por semelhante manobra são baixas**. Pense se a razão pela qual você não se apoderou de **tudo aquilo que quis, mas não lhe pertencia** não tem muito mais a ver com a educação e a moralidade que você recebeu e compartilha do que com o medo de ser punido/a por furto. Ainda, o que o faz se prevenir contra doenças, lavar as mãos e ter uma higiene eficiente?

Tudo isso são construções históricas que, como as atitudes que passamos a tomar desde o início do século XXI contra o uso de cigarros, têm muito mais a ver com vínculos sociais mais fortes e profundos do que com a punição. E eis que a resposta à nossa pergunta fica difícil: punimos... sem sentido?

Por que punimos com restrição de liberdade?

Essa segunda questão se agrava ainda mais quando buscamos entender qual é a fixação que temos com a pena de restrição de liberdade. Ela parece fazer muito sentido quando queremos afastar um marido violento do lar ou um *serial killer* do convívio social. Mas por que também é essa a opção que temos para o furto, o aborto, o tráfico de drogas ou a lesão de direitos autorais? O que a liberdade tem a ver com isso?

Você já ouviu falar em *contrato social*? Pois é, aquela ideia antiga de que as pessoas estavam juntas em sociedade para garantir determinados direitos e que isso nada tinha a ver com alguma divindade ou com o rei/a rainha? Esse pensamento foi inovador e muito importante no início da Idade Moderna e nos ajudou a formular a sociedade como a temos hoje – para o bem e para o mal.

Mas nos parece ser neste mito do contrato social (mito sim; ou você já assinou o seu?) que começamos a entender que todo e qualquer delito seria uma infração ao contrato social e que, portanto, deveria ser punida com pena privativa de liberdade. Afinal, é da liberdade que abrimos mão para entrar no contrato social, não?

Pensamos que essa seja uma ideia "difícil de engolir", mas que, de certa maneira, "colou". De lá para cá, as sociedades não sabem mais viver sem prisões. Em volta delas se formaram mercados, tradições e certezas profundas, difíceis de serem mudadas. Elas representam hoje todo um modo de lidar com as classes sociais excluídas e periferizadas por nós (Freitas Jr, 2017, p. 40 e seguintes). Com ela, tratamos de um processo que paradoxalmente busca **incluir** quase 900 mil pessoas na exclusão, na morte provisória, que vitima desproporcionalmente, no nosso caso, pretos, pobres e pardos com baixa escolaridade.

A prisão é um fato social criado pelo direito penal, que, no entanto, se convence com frequência de que é o oposto: a prisão sempre teria existido e o direito penal pôs ordem na coisa. Não é o que uma investigação mais séria parece apontar: nossos discursos de controle da violência se transformaram rapidamente em violências de controle penal. Esse sistema parece se sustentar muito mais nas funções que não declara (genocídio e mortes legítimas, em autos de resistência, por exemplo) do que nas belas finalidades que declara (civilidade e segurança jurídica, por exemplo) (Andrade, 2015).

Para que serve a pena e quais são seus objetivos?

Ora, se a economia da dor e da violência que é o sistema penal se mantém não pelo que se justifica e se justifica não pelo que o mantém, começamos a nos perguntar para que serviria a pena, ao menos de acordo com as justificativas oficiais, para depois confrontá-las com o horizonte óbvio que nos cerca.

As justificativas variam substancialmente, desde a ideia de que a pena deveria servir para evitar o cometimento de delitos, como vimos, até a ideia de que a pena poderia servir para livrar a sociedade de elementos perigosos, ou ainda que serviria para ressocializar o delinquente ou simplesmente reprovar o delito (fique tranquilo/a, em breve discutiremos essas questões a fundo).

São esses objetivos, discursivos (em sua maioria, retóricos e tautológicos, dificilmente defensáveis em face de uma pesquisa empiricamente elaborada), que constroem a mentalidade jurídica da maioria dos/as operadores/as do direito no Brasil. Afinal, é difícil termos espaço (e tempo) para discutir essas questões em um ensino de graduação, por exemplo, com sua longa ementa e pouco tempo para uma dedicação real à interdisciplinaridade, à escuta do que as outras humanidades têm a dizer, ao esquadrinhamento das consequências reais das "rinhas de CPFs" a que nos dedicamos.

Nesta obra buscamos, na medida do possível, cumprir com ambos os objetivos: fornecer um material dogmaticamente relevante e completo sem, no entanto, perder de vista o incoerente mundo penal, que existe para bem mais além dos discursos pomposos que o sustentam. Além disso, fazemos um convite para, juntos, seguirmos esses passos, arejando teorias por vezes esquecidas há tempos em gavetas, por vezes apenas guardadas com grilos, por vezes apenas desconhecidas, para chegarmos ao nosso destino: um direito penal que se questione e se reinvente com base em seus/suas operadores/as, conscientes de seu dever civil de atores e atrizes sociais.

Capítulo 1

Considerações historiográficas sobre a pena

Conversar sobre a longa duração é algo extremamente difícil de se fazer na historiografia. Poucos autores e autoras se dedicaram a tamanha empreitada e, geralmente, quando o fizeram, dedicaram grandes obras inteiras e anos, décadas, de pesquisa para cobrir a história de forma **total** com base em aspectos geográficos, por exemplo (Fonseca, 2009). Mesmo nesses casos, é preciso ter de forma bastante clara como interpretar e discutir a alteridade do tempo, do significado do que quer que seja a verdade para o historiador/a (Costa, 2020).

Essa discussão pode e deve ser feita não apenas na história, mas também no direito: o que, afinal, queremos quando condensamos mil anos de história em um parágrafo, cuja referência geralmente é outro manual de direito que faz exatamente a mesma coisa? Será que o objetivo é sincero quando indagamos o passado ou simplesmente pretendemos reafirmar um direito atual por meio do qual (des)conhecemos um passado distante? Um exemplo que gostamos de dar e que é muito eloquente: a quem serve acreditarmos na falácia de que, desde os tempos dos romanos, as famílias são iguais, formadas por homem, mulher e seus filhos, chefiada pelo primeiro?

Além disso, quem estabeleceu algum tipo de fio invisível entre Mesopotâmia, Grécia, Roma, Medievo europeu, Modernidade europeia e, de repente, nossa atualidade? O que liga a história desses povos à nossa? Em que sentido seríamos herdeiros/as dessas tradições? E por quê?

— 1.1 —
Justiça negociada e justiça hegemônica de aparato

Se nosso objetivo é traçar uma chave interpretativa para a história da pena e, consequentemente, para uma história do direito penal, devemos fazê-lo com cuidado, escolhendo bem os limites de nossa delicada operação, evitando riscos e acidentes de percurso. Afinal, o direito penal como o conhecemos hoje é moderno e tem sua data de nascimento junto à do Estado Nacional. Indagar além disso significa adentrar terrenos pantanosos.

Para tanto, vamos recorrer a um autor que, por ter dedicado a vida a pesquisar o direito penal (ou algo próximo a isso) desde o Medievo até os tempos contemporâneos, nos sugere algumas possibilidades de leitura para a longa duração. Mario Sbriccoli (1941-2005) consegue traçar o longo passado da tradição do direito comum europeu e ver algumas de suas influências no período pós-Estados Nacionais. Suas observações, sobretudo sobre a longa duração, podem, até certo ponto, ser ampliadas ao nosso passado, pois nosso direito, especialmente no campo teórico-formal, foi muito influenciado pelo direito português-europeu, pelo *ius communi*, ainda que possamos falar em um direito colonial para o Brasil (Hespanha, 2006). Para Sbriccoli (2009b, p. 3-4, tradução nossa),

A história do "penal" pode ser pensada como um longo abandono da vingança. Chave de leitura simplificadora apenas na aparência, se utilizada como uma prudente indicação de método, a perspectiva de abandono da vingança (vingança dos indivíduos, das sociedades, dos Estados) é aquela que melhor revela o tortuoso processo de civilização dos sistemas penais, dando sentido à sua reconstrução histórica e valorizando, nesses sistemas, a função de defesa jurídica de pessoas, bens e sociedades[1].

Sbriccoli (2009b) passa então à possibilidade de reconhecer como essa substituição se fez temporalmente e sugere duas categorias explicativas que, para nós, são bastante úteis para entender esse longo processo de transformação: justiça negociada e justiça hegemônica de aparato. Trataremos dessas categorias com certa simplificação e didática, apenas no limite em que elas servem aos nossos propósitos.

Sbriccoli (2009b) extrai a ideia de uma justiça negociada da experiência comunal medieval, entre os séculos XI e XIII, na qual a vingança era um direito, um meio de justiça ordinário que se impunha aos demais e gozava de legitimidade social. A imposição da justiça, nesse caso, era o resultado aceito de um rito da

---

1   No original: "La storia del 'penale' può essere pensata come la storia di una lunga fuoruscita dalla vendetta. Chiave di lettura solo all'apparenza semplificatrice, se usata come prudente indicazione di metodo, la prospettiva della fuoruscita dalla vendetta (vendetta degli individui, delle società, degli Stati) è quella che meglio svela il tortuoso processo di incivilimento dei sistemi penali, dando senso alla loro ricostruzione storica e valorizzando, di quei sistemi, la funzione di difesa giuridica delle persone, dei beni, delle società."

comunidade, como o duelo ou as ordálias. A justiça negociada repousava sobre o consenso, antes e mais do que sobre a certeza, sobre os laços acordados entre o que seria reprovável ou não. "Pertencimento, proteção, consenso e – acrescento – oralidade remetem ao caráter comunitário da justiça negociada[12] (Sbriccoli, 2009b, p. 6-7, tradução nossa).

A transição dessa forma de justiça para uma justiça de aparato não aconteceu de uma hora para outra, nem ocorreu de modo a não manter na sociedade diversas categorias negociais de estabelecimento da justiça criminal. Entretanto, um forte caráter de publicização do direito emergiu e, no final do século XIII e início do século XIV, decidiu-se que a iniciativa penal não podia mais concernir apenas à vítima: "se impõe um princípio pelo qual quem comete um delito ofende sua vítima, mas também a *respublica*, que tem o direito de satisfazer-se infligindo uma pena[13]" (Sbriccoli, 2009b, p. 8, tradução nossa). Vale lembrar que, nesse momento histórico, **pena** e **pena de prisão** ainda não se confundiam e eram um conceito bem mais amplo quando comparado ao que temos hoje.

A justiça hegemônica que começou a se formar tinha quatro pressupostos técnicos: a lei, a ação, a prova e a pena, que, de certa maneira, podem ser percebidos, com mudanças drásticas,

---

2 No original: "Appartenenza, protezione, consenso e – aggiungo – oralità rimandano al carattere comunitario della giustizia negoziata."

3 No original: "Si impone il principio per cui chi commette un delitto danneggia la sua vittima, ma offende anche la *respublica*, la quale ha il diritto di soddisfarsi infliggendo una pena."

claro, nos tempos de hoje. O aparato dessa justiça hegemônica se formou muito lentamente nos séculos seguintes até culminar em uma justiça de aparato que só foi possível com o estabelecimento e a consolidação dos Estados Nacionais europeus, que se pretendiam mais abrangentes e poderosos que os monarcas que os precederam jamais puderam imaginar.

— 1.2 —
Centralidade da pena de prisão

A pena de prisão pertence a um momento histórico. Manualistas dirão, muitas vezes, que ela tem origens perdidas no tempo, confundindo-se com a formação das primeiras sociedades humanas. Não raro, falarão em deuses, rituais, mencionando escritos sagrados, tribos do Sudeste Asiático e das florestas sul-americanas, sem deixar de lado, é claro, a República Romana e suas instituições tão próximas da nossa realidade. Podemos esquecer disso tudo.

Uma reflexão historiográfica trazida como mera curiosidade ou como modo de explicar o presente, sem importar não apenas as suas leituras, seus métodos e suas preocupações teóricas, em nada contribui para quem quer entender o passado, muito menos o presente. Por esse motivo, insistimos na **Modernidade** como ponto de partida da nossa discussão. A pena tem um passado muito mais extenso, é verdade, mas tentar esgotá-lo em umas poucas páginas não nos traz nenhum benefício; pelo contrário, implica o risco de violarmos o passado em sua alteridade, com leituras anacrônicas e simplistas que só se prestam a reforçar certos mitos e dar ao jurista um falso ar de erudição.

No século XVI, um certo Arnaud du Tilh foi preso na França acusado de se passar por outra pessoa, um camponês chamado Martin Guerre. O impressionante é que, se não era mesmo que afirmava ser, o sujeito havia conseguido enganar toda uma comunidade por um bom tempo. Martin havia desaparecido do seio do povoado camponês em que vivia no sul da França, próxima da atual fronteira com a Espanha. Um tempo depois, retornou. Lembrava-se de toda sua gente e foi reconhecido por toda a comunidade, incluindo parentes e a própria esposa. Mais tarde, porém, acusado de ser um impostor, foi preso. Essa história impressionante, narrada por Jean de Coras, um dos juízes do caso à época, transformou-se em um livro da historiadora Natalie Zemon Davis, intitulado *O retorno de Martin Guerre* (Davis, 1987), e em uma produção cinematográfica francesa, bem como em um *remake* estadunidense que transportou a história para os Estados Unidos do século XIX.

Não vamos estragar o final dessa história, verídica, apesar de quase inacreditável. No entanto, trata-se de um exemplo de um indivíduo que viveu mais ou menos na passagem entre um mundo pré-moderno e outro moderno, e foi preso, mas não como forma de cumprimento de pena. O mesmo vale para os presos da Inquisição, os perseguidos políticos ou quaisquer outros encarcerados do Medievo e da Antiguidade. Pessoas eram presas, o que não significa dizer que a **pena de prisão** se estende remotamente no tempo.

A historiografia apresenta a prisão pré-moderna como "apenas um meio de assegurar que o preso ficasse à disposição da justiça para receber o castigo prescrito, o qual poderia ser a morte, a deportação, a tortura, a venda como escravo ou a pena de galés, entre outras" (Bretas et al., 2017, p. 8). Tanto **pena** é um fenômeno histórico, que não se confunde com outras formas de punição, quanto **prisão**, na acepção que nos importa, não se confunde com essas detenções cautelares, com a prisão das masmorras etc.

Por essas ressalvas metodológicas é que tomamos a dita *pena moderna* como ponto de partida, pensada por volta do século XVIII, mas sobretudo já no século XIX. Seu contexto de aparição é o da Europa industrial, e não há como desassociar o direito penal desse dado. É nesse cenário que o mapa europeu gradualmente se tornou cada vez mais urbano, com a população camponesa se transformando em operária.

A industrialização gerou riqueza, é claro, e as cidades experimentaram ao longo dos Oitocentos um intenso processo de urbanização que trouxe amplas avenidas, praças, largos, monumentos, iluminação pública, trens, bondes, cinemas, cafés e todo o conforto que a vida moderna no período poderia trazer. Todo esse progresso, porém, se deu a um alto custo: a expulsão de famílias operárias de regiões centrais e a proliferação de cortiços insalubres e superpovoados, sem condições mínimas de saneamento, fenômenos que favoreceram a propagação de doenças, entre outras mazelas (Perrot, 2006, p. 110-111). Vejamos como o historiador Clóvis Gruner (2012) completa esse panorama:

As mesmas páginas que publicam os discursos que traduzem o encantamento provocado pelo desenvolvimento e pelas reformas urbanas, por uma vida citadina mais dinâmica, notadamente na região central, imprimem as escritas que parecem destoar e mesmo desestabilizar aquelas leituras, ressaltando a melancolia e a tristeza da vida nas grandes cidades ou acusando os perigos e riscos da cultura moderna. São principalmente para os novos personagens urbanos – menores carentes, bêbados, jogadores, mendigos, punguistas, prostitutas, seus clientes e os *cáftens* que as exploram – que se voltam os olhares daqueles que sabem que, junto com o progresso, e como parte e produto dele, adentram as fronteiras da cidade toda uma horda de inimigos contra os quais é preciso estar incessantemente vigilante e precavido. (Gruner, 2012, p. 18)

A pena moderna, portanto, surgiu no quadro mais amplo da Europa industrial e urbana, do aprofundamento das misérias sociais e da aparição de novos tipos "delinquentes", como vadios, ébrios, gatunos etc., além de ladrões, assassinos e outros criminosos que "sempre existiram", inaugurando uma relação com a criminalidade até então desconhecida. Ao mesmo tempo, percebeu-se que os mecanismos punitivos existentes eram inúteis e que era necessário tirar um proveito maior da pena. Como o filósofo Michel Foucault questiona: "por que haveria a sociedade de suprimir uma vida e um corpo de que ela poderia se apropriar?" (Foucault, 2014, p. 107).

Essa mudança de racionalidade deu origem à concepção da penitenciária, fazendo surgir pela Europa e pelos Estados

Unidos uma variedade de propostas para o estabelecimento ideal. Temos o famoso **panóptico** de Jeremy Bentham e outras propostas do mesmo período e de tempos posteriores, como os modelos da **Philadelphia** ou de **Auburn**, sempre mencionados quando se fala em história das prisões. Em linhas gerais, diferenciamos esses dois sistemas da seguinte maneira:

> O sistema da Pensilvânia (Philadelphia) propunha o isolamento completo dos presos durante o dia, permitindo que trabalhassem individualmente nas celas; o sistema de Auburn isolava os presos apenas à noite, obrigando os mesmos ao trabalho grupal durante o dia, mas sem que pudessem se comunicar entre si. (Bretas et al., 2017, p. 10)

No período das ideias em disputa, ainda se acreditava nos propósitos dessas instituições e se buscava a melhor combinação de técnicas possível para metamorfosear o delinquente em cidadão apto para o convívio social. Não demorou, porém, para que a utopia carcerária fosse posta em xeque. Como destaca Tortato (2020, p. 69), "a vontade de disciplina não condiz com as condições dos presídios, lugar imaginário, secreto e misterioso, onde a população em geral desconhece o que ocorre entre seus muros, exceto quando o preso se rebela".

Ao longo do século XX, vimos a prisão ganhar cada vez mais críticas mundo afora. Ao mesmo tempo, discutiam-se alternativas a ela, em um século de transformações do pensamento jurídico, da deslegitimação de certos discursos e da emergência de um debate mais ancorado nos direitos humanos. A criminologia, sobretudo, desenvolveu um veio crítico (Anitua, 2008, p. 548-551), afastando-se de suas origens infames.

Evidentemente, não consideramos o presente um ponto de chegada. O debate e, especialmente, a prática penal estão a anos-luz de distância do ideal, especialmente porque, mesmo desacreditando da prisão, seguimos acreditando nos fundamentos que a originaram. Nesse sentido, para qualquer que seja a pena, será válida a crítica direcionada à prisão por Perrot (2006, p. 265-266):

> O sistema penitenciário parece então ter se desviado profundamente de suas intenções iniciais. Longe de reintegrar, ele expulsa, evacua, suprime os irrecuperáveis. Mas ao mesmo tempo revela talvez sua finalidade oculta e verdadeira: defender a sociedade industrial burguesa fundada sobre a propriedade e o trabalho. A prisão é a ilusória válvula de segurança dessa sociedade.

Traçado este panorama mais geral, podemos passar agora à história das penas no âmbito brasileiro.

— 1.3 —
História das penas no Brasil

Quando falamos do cenário nacional, alguns cuidados precisam ser tomados. Em primeiro lugar, não nos ajuda muito importar autores e ideias sem os devidos cuidados de tradução. É interessante conhecermos ideias como as de Cesare Beccaria, Jeremy

Bentham ou da tríade Lombroso, Garofalo e Ferri, maiores nomes da chamada *criminologia positivista*. No entanto, se não tomarmos os devidos cuidados, esses estudiosos não ajudam em nada a pensar a realidade brasileira e podem até atrapalhar. O mesmo vale para intérpretes estrangeiros, como Foucault.

Igualmente sem utilidade é tentarmos entender a história das penas no Brasil olhando para seus estatutos jurídicos, como o tão (mal) citado *Livro V das Ordenações Filipinas* ou o *Código Criminal de 1830*. Na maior parte das vezes, o que vemos é uma transcrição tosca de certos dispositivos pretéritos na crença inocente de que eles espelhavam a realidade nacional.

Com isso, no entanto, não sugerimos desprezar as ideias e os autores estrangeiros nem o direito positivado nacional. No fundo, esse tom severo é para enfatizarmos mais uma vez a necessidade de olharmos para o passado com os devidos cuidados, observando as técnicas da historiografia e dialogando com ela. É claro que é útil estudarmos os ordenamentos jurídicos passados. É igualmente útil lermos autores como Lombroso para pensarmos a realidade brasileira, pois suas ideias foram lidas e fizeram muito sucesso por aqui. As chaves de pensamento foucaultiano são indispensáveis para pensarmos a realidade nacional – dificilmente como prática, é verdade –, mas certamente em seus discursos.

Importante!

Mesmo na Europa e nos Estados Unidos, a concretização das ideias penais foi mais limitada do que costumamos pensar: "não se deve exagerar: estes projetos não eram objeto de uma realização prática. A prisão celular permanecia, na França e quase em toda parte, um modelo de 'luxo' em comparação ao sistema carcerário vivido pela massa dos presidiários" (Bretas et al., 2017, p. 11).

No Brasil, a aplicação das penas passou por um período de modernização e, em alguma medida, a discussão que efervescia principalmente na Europa chegava com muita rapidez no território nacional. Se lêssemos os pronunciamentos de juristas e autoridades públicas no Brasil ao longo do século XIX, veríamos um discurso muito próximo das ideias que circulavam pela Europa (Weinhardt, 2019b, p. 86 e seguintes). Conforme Sant'Anna (2017, p. 302), também no Brasil:

> A construção da civilização passava necessariamente pela modernidade penal, pela construção de prisões que recuperassem o indivíduo, que o conduzissem, pela disciplina, pelo trabalho, pelo arrependimento, como ser útil, para a sociedade. A intensidade com que foram formulados os debates

e as divergências sobre o maior ou menor papel regenerador da prisão, sobre as suas condições mais duras ou penosas de atingir os condenados, nada mais representou do que a clara aceitação, junto a diversos grupos, da relevância da questão prisional no próprio contexto de organização da sociedade (brasileira), ao longo de todo o século XIX e parte do XX.

As ideias atravessavam o Atlântico rapidamente; as práticas, nem tanto. Reflexos do chamado *iluminismo penal* atingiram o recém-nascido Brasil, e nossa primeira Constituição determinou que não haveria mais açoites, tortura, marca de ferro quente e outras penas cruéis, e que as cadeias seriam seguras, limpas, bem arejadas, com diversas instalações para separar diferentes encarcerados (art. 179, incisos XIX e XXI, da Constituição Política do Império, de 1824). No ordenamento jurídico imperial, a prisão também acabou se tornando regra.

Importante!

Você pode, com razão, se questionar sobre como essas regras eram possíveis em um país escravista igual ao nosso. Como liberalismo e escravismo conviveram no Brasil é uma questão bastante debatida na historiografia brasileira e nada simples de se compreender. Entendemos que é possível falar em um "liberalismo à brasileira". A Constituição de 1824, obviamente, servia somente para a população livre.

Se olharmos para a documentação histórica do período, encontraremos a preocupação frequente de autoridades públicas com o problema da pena. Em 1850, foi inaugurada a **Casa de Correção** na então capital do Império, o Rio de Janeiro. Essa casa havia sido concebida com seções diferentes, regimes especiais para cada situação e uma rotina bastante demarcada para refeições, descanso, trabalho etc. (Sant'Anna, 2017, p. 302-303).

Por todo o país, o objetivo era ter estabelecimentos prisionais nesses moldes, embora a realidade de boa parte do território nacional fosse a utilização de instalações improvisadas que funcionavam como cárcere. Mesmo nas capitais em que havia prédios específicos, as condições podiam ser deploráveis (Weinhardt, 2017, p. 341). Mais uma vez, vejamos o que nos diz Sant'Anna (2017, p. 296):

> A prisão deveria converter-se em laboratórios de observação dos indivíduos criminosos, a fim de ser possível estudar sua personalidade criminosa, os motivos dos crimes, os antecedentes familiares e psíquicos, entre outros aspectos. Como vimos até aqui, nada mais distante da realidade das prisões da virada do século XIX para o XX.

Em 1909, foi inaugurada em Curitiba a Penitenciária do Ahú, uma instituição-modelo baseada nos princípios auburnianos. O presídio já surgiu com alguns "defeitos de origem", como a surreal falta de um muro ao redor de todo o terreno. Seu diretor à época, Ascânio de Abreu, jovem e entusiasmado, preservava o tom otimista em seus relatórios, diante de problemas que se acumulavam mais e mais. A historiadora Amanda Tortato, que acompanhou os relatórios do diretor do presídio, mantido no cargo por mais de duas décadas, percebeu a mudança de discurso ao longo do tempo:

> Com o passar dos anos, o discurso otimista dos primeiros relatórios se transforma e, seja pelas dificuldades financeiras, ou por anseios políticos, a situação se deteriora, tornando o projeto original cada vez mais difícil de ser executado. [...] Tais queixas, muito além de um capricho do diretor, representavam o perigo do desfazimento de um projeto que levava em conta o caráter civilizatório da pena. A partir dessa perda, o caráter regenerativo necessário à ameaça da barbárie e da violência do crime era impossibilitado. (Tortato, 2020, p. 88)

De certa maneira, a decepção de Ascânio é a decepção de toda uma sociedade que acreditou na prisão. Com o passar dos anos, a prisão tornou-se um problema tão grave e insolúvel quanto o próprio crime. O Brasil, no entanto, manteve (e mantém) o protagonismo do cárcere.

Enquanto formas alternativas de sanção ganhavam força ao redor do mundo, permanecemos alheios ao debate sobre elas. Foi somente nos momentos finais da ditadura militar que a necessidade de reformular o sistema punitivo brasileiro ganhou espaço com a Reforma de 1984, consubstanciada nas Leis n. 7.209 e n. 7.210, ambas de 11 de julho de 1984. A partir daí, foi construído um novo edifício, mas que – como veremos no decorrer deste nosso estudo – não demorou para que começasse a desmoronar.

— 1.4 —
Para concluir

É muito comum que manuais, cursos e outras obras voltadas ao público jurídico façam uma apropriação muito curiosa do passado, negando nessa perspectiva o que quer que possa haver de história. Em outras palavras, esses textos afastam o que quer que possa haver de peculiaridade, de diferença ou mesmo de incompreensão no passado, como se fosse possível abocanhá-lo em sua totalidade, mastigando e digerindo em alguns parágrafos qualquer coisa que sirva para alimentar o corpo do "irreprovável" mundo presente.

Nesses textos, o passado interessa como curiosidade, como algo que felizmente já passou e cedeu lugar à "perfeição" do mundo atual, "lindo e cheiroso", sem as crueldades de tudo aquilo que veio antes, entendido como um **delírio** mais ou menos ligado a contextos históricos como o da Mesopotâmia, de Roma, da Grécia, do Medievo ou do que quer que seja. Afinal, não interessa mesmo, não é? O que importa é o mundo de hoje e o futuro, não essas concepções ingênuas da humanidade de outrora. E o futuro? Será ainda melhor, com os aprendizados de hoje! Ah, como seremos ingênuos/as! Não é bem assim.

Nosso passado é cheio de incoerências, descontinuidades, rupturas e oscilações. O direito, como tudo que é humano, tem seu lugar no tempo e até mesmo o próprio significado dessa palavra se altera – infelizmente sem avisar! Manter a palavra não significa manter o significado, e vice-versa. Estado, código, lei, direito, família, domínio, humanidade, religião, cidade, peste... Prisão, pena... Tudo isso tem um significado específico ao seu próprio tempo. Ignorar essa dinâmica é desconhecer não apenas a dimensão do passado, mas também a do próprio presente, que, em um segundo, já é passado.

Capítulo 2

Teorias da pena

Em 1919, o importante sociólogo alemão Max Weber ministrou uma conferência a estudantes da Universidade de Munique, na Alemanha, intitulada A *política como vocação*. Nela, o estudioso consagrou uma importante característica daquilo que entendemos como *Estado*: uma estrutura que detém "o monopólio da violência física legítima" (Weber, 2015, p. 62). Se lembrarmos dos velhos contratualistas (Hobbes, Locke, Rousseau) que estudamos desde a escola, uma ideia em comum é a de que as sociedades teriam sido instituídas para evitar os riscos de uma vida fora dela. É claro que esses riscos continuam existindo no convívio social – o risco de uma agressão, de um furto, de uma ameaça etc. A diferença é que passava a existir um ente, o Estado, para repelir essas injustiças – e até hoje o faz, muitas vezes por meio de uma violência, porém, uma violência "legítima". Podemos pensar a sanção penal da seguinte maneira: uma violência praticada pelo Estado como resposta a uma conduta considerada criminosa. E, desse modo, o direito penal "combate" o crime.

Mas como exatamente isso acontece? Para respondermos a essa pergunta, iremos estudar as chamadas *teorias da pena*, que buscam responder justamente por que a existência de sanções penais é ou não uma resposta eficaz à criminalidade. Nos manuais de direito penal, esse assunto costuma aparecer de maneira bastante sintética e enxuta (quando aparece). Aqui, também faremos uma exposição introdutória, mas que esperamos ser suficiente para provocar sua reflexão. Afinal, não parece muito satisfatório aprender **como** as penas funcionam se não fizermos antes uma reflexão de **por que** funcionam de determinada maneira, certo? Pois bem!

Partindo de uma divisão binária, já podemos separar as teorias da pena em dois grandes grupos: de um lado, pessoas que acreditam na pena como algo legítimo, eficaz ou necessário (mesmo que um "mal necessário"); por outro, há aqueles que não reconhecem na pena um papel legítimo, considerando-a uma mera arbitrariedade, sem nenhum motivo nobre para tanto. As teorias do primeiro grupo são normalmente denominadas *teorias positivas, justificacionistas* ou *legitimadoras*; no segundo grupo, temos as chamadas *teorias negativas, agnósticas* ou *deslegitimadoras* (Figueiredo, 2014, p. 10). Falaremos de cada uma delas a seguir.

— 2.1 —
Teorias legitimadoras

O primeiro grande conjunto de teorias abrange aquelas que consideram a pena legítima. Perceba que tal atributo significa mais do que reconhecer o poder do Estado para punir seus membros; é reconhecer que esse é um poder justo, razoável. Significa, ainda, que deve haver um fundamento para que isso ocorra. Novamente, teremos que propor uma subdivisão, pois a busca por esse fundamento pode estar ancorada no **passado** ou no **futuro:** no passado, quando a conduta não pode ficar livre de sanção, não pelos desdobramentos que a punição possa ter, mas porque o crime já ocorreu; no futuro, quando a punição não está interessada em "chorar o leite derramado", mas pretende evitar que a conduta seja repetida, seja pelo próprio agente, seja pelos demais membros da sociedade. Essas primeiras teorias, de ordem retroativa, são denominadas *teorias retributivas*; as de ordem prospectiva, *teorias preventivas*.

— 2.1.1 —
Teorias retributivas

Conforme aquilo que a doutrina considera *teorias retributivas*, deu-se destaque ao pensamento de dois filósofos acerca da punição: Immanuel Kant (1724-1804) e Georg Wilhelm Friedrich Hegel (1770-1831).

Immanuel Kant

Kant é tido como um dos filósofos mais importantes (quiçá o mais importante) da Modernidade. Na sua obra, que abrange as principais preocupações da filosofia de seu tempo, um dos temas em que mais se destaca é a filosofia moral. Nessa seara, foi certamente o maior filósofo moderno. Para o pensandor prussiano, o direito (e mesmo a necessidade) de punir é um **imperativo categórico** (Kant, 2020, p. 175). Esse é um conceito bastante intrincado do pensamento kantiano; felizmente para nós, não iremos desmembrá-lo. Fiquemos com a definição sintética, mas bastante precisa do professor Michael Sandel: "um dever ou um direito categórico é aquele que deve prevalecer em quaisquer circunstâncias" (Sandel, 2012, p. 151). Podemos entender melhor essa definição com um clássico exemplo do próprio Kant:

> Mesmo se uma sociedade civil tivesse que ser dissolvida pelo assentimento de todos os seus membros (por exemplo, se um povo habitante de uma ilha decidisse se separar e se dispersar pelo mundo), o último assassino (criminoso) restante na prisão teria, primeiro, que ser executado, de modo que cada um a ele fizesse o merecido por suas ações, e a culpa sanguinária não se vinculasse por ter negligenciado essa punição, uma vez que de outra maneira o povo pode ser considerado como colaborador nessa violação pública da justiça. (Kant, 2020, p. 176)

Perceba, portanto, como o sentido da punição em Kant não está voltado a uma finalidade futura. Na verdade, Kant era bastante avesso à ideia de que a punição tivesse qualquer propósito para além do próprio fato punível e de quem o praticou. Para o pensador citado, isso seria uma **instrumentalização do humano**, o equivalente a tratar a pessoa como meio para obter um fim (punir para que o/a apenado/a sirva de exemplo para o restante da comunidade, por exemplo). Acompanhando o exemplo que o próprio filósofo dá, ainda que tivéssemos a certeza de que determinado crime nunca mais seria praticado, nem por quem o praticou, nem por mais ninguém, mesmo assim haveria uma obrigação moral de punir aquele/a condenado/a. Por esse motivo, a doutrina penal coloca Kant de modo quase unânime como um representante das teorias retributivas da pena.

É interessante, porém, o contraponto feito pela professora B. Sharon Byrd (1989), que defende a tese de que a dissuasão era, na verdade, a principal justificativa para a punição em Kant.

A retribuição, segundo a estudiosa, não seria o propósito da punição, mas justamente uma forma de limitar o poder do Estado de punir, evitando mais uma vez que a pessoa fosse tratada como meio para um fim social (Byrd, 1989, p. 153). Pensar a retribuição como limite significa afirmar que a pena jamais poderia ser desproporcional diante do ilícito praticado, como ferramenta para "educar" a sociedade, pois deixaria de tratar as pessoas como um fim em si mesmas.

Imagine, por exemplo, que determinada sociedade enfrenta índices desenfreados de furtos. Uma ideia que circula no senso comum é a de que aumentar o rigor da punição pode ser um meio eficaz para conter a criminalidade. Seguindo essa premissa, aprova-se uma lei que pune o furto com pena de morte, na expectativa de que a gravidade da sanção irá desencorajar as pessoas de praticar furtos. No entanto, há aqui um problema, percebe? Acompanhando o argumento de Kant, a punição deixaria de ter relação com a conduta proibida ou com a pessoa que a praticou, preocupando-se mais com o **efeito** a ser causado na sociedade. Essa é uma das maiores falhas das chamadas teorias de "prevenção geral", das quais falaremos mais adiante.

Georg Wilhelm Friedrich Hegel

Em sua obra *Princípios da filosofia do direito*, Hegel (1997) elabora algumas proposições em que discute a **violência** e o **crime**. O autor adota um ponto de partida óbvio para fundamentar suas ideias o de que "como ser vivo, está o homem sujeito a ser coagido, o que significa que o que nele há de físico e exterior está sujeito a ser submetido ao poder de outrem" (Hegel, 1997, p. 83). Tal premissa é um tanto óbvia. Sabemos que, se saímos na rua, há sempre um risco de alguém praticar uma violência contra nossas propriedades ou contra nós mesmos. Mesmo se nos trancarmos em casa, esse risco não deixa de existir por completo. A preocupação do filósofo alemão (como a da maioria de nós) era de que o crime, quando praticado, não ficasse sem resposta. E de que maneira viria essa resposta?

Se o nome de Hegel não lhe soava completamente estranho até este momento, provavelmente você já ouviu falar de sua ideia de dialética. Na **dialética hegeliana**, o embate entre uma primeira ideia (**tese**) e uma segunda ideia que a confronte (**antítese**) dá origem a uma terceira ideia, uma espécie de aprimoramento das anteriores, denominada *síntese*. De certa maneira, a síntese recupera a tese, mas também a aprimora, por isso é importante para o progresso das ideias. Partindo para o campo das ações, o filósofo emprega um raciocínio semelhante para pensar o crime e a punição.

Para Hegel, o crime é uma violação da norma. A essa violação, o direito responde com a punição. Nesse sentido, a norma ocupa o papel de tese, violada pelo crime (antítese). A punição, por sua vez, "viola" o crime e, ao fazê-lo, reafirma a lei (síntese). Em Hegel, portanto, a punição é também uma violência, um mal, mas um mal necessário, que se legitima como único meio de responder ao crime:

O princípio conceitual de que toda a violência destrói a si mesma possui a sua real manifestação no fato de uma violência se anular com outra violência. É assim que se torna jurídica, de maneira não só relativa, quando se dão tais e tais condições, mas necessária, quando é aquela segunda violência que suprime a primeira. (Hegel, 1997, p. 84)

Tanto Kant quanto Hegel são bastante sofisticados em suas ideias. No entanto, o pensamento de ambos sobre a pena acaba limitado ao passado, não respondendo exatamente **como** a sanção penal soluciona o problema da criminalidade. Embora a doutrina penal se refira às ideias de Kant e Hegel como *teorias da pena*, talvez seja um pouco exagerado fazê-lo. Olhando para a obra dos dois pensadores, não parece haver neles a intenção de produzir uma teoria de fato acerca do tema. Cada qual discute brevemente a questão do crime e da punição em meio a outras preocupações, até mais filosóficas do que jurídicas.

Além disso, é preciso fazer "justiça histórica" aos autores. *Metafísica dos costumes*, de Kant, foi publicada em 1797, e *Princípios de filosofia do direito*, de Hegel, em 1821. A preocupação com os avanços da criminalidade ganharia força mais tarde, no avançar do século XIX. Falamos disso no capítulo anterior: as contradições sociais acentuadas pelo capitalismo industrial, com o forte crescimento dos centros urbanos, deixaram muitas pessoas à margem da sociedade e fizeram com que a criminalidade despertasse o interesse das ciências sociais e mesmo o fascínio do grande público. Não é à toa que surgiu aí a literatura policial. O famoso detetive Sherlock Holmes, por exemplo, é um personagem do final do século XIX. Logo, quando Kant e Hegel estavam escrevendo, o problema da criminalidade ainda não recebia toda a atenção que ganhou décadas mais tarde.

De todo modo, a ideia de que a punição já se justifica pelo simples fato de que a prática de um crime não pode "passar em branco" ainda tem espaço no senso comum e talvez até no meio acadêmico. Por isso, precisamos pensar sobre ela e reconhecer suas limitações. Um primeiro problema desse raciocínio é reforçar a ideia de que o direito, sobretudo o penal, sempre "chega atrasado". A punição pode satisfazer certo sentido de justiça, mas em boa parte dos casos não anula o mal praticado.

Se uma pessoa é brutalmente espancada ou até assassinada, punir o/a agressor/a não restaura a saúde ou a vida da vítima. Por outro lado, se pensarmos em um crime que pode ser reparado, como um roubo, caso haja essa reparação, por que ainda precisamos da pena? Talvez você evoque esse sentido de justiça que temos, mas ele não seria apenas uma forma de vingança, com a ressalva de que o Estado proíbe a vítima ou sua família de exercê-la pessoalmente, mas a exerce em seus nomes? Ou há, ainda, um propósito maior na pena, como evitar que o/a delinquente volte a cometer crimes ou mesmo "ensinar" toda uma sociedade que não se deve delinquir? É deste último questionamento que partem as chamadas *teorias preventivas*, das quais trataremos adiante.

— 2.1.2 —
Teorias preventivas

Já adiantamos o que são, em síntese, as teorias preventivas. Se, nas teorias retributivas, o foco da punição estava no fato já ocorrido, as teorias preventivas utilizam o delito praticado para desencorajar a prática de delitos futuros. Novamente, a doutrina propõe subdivisões, agora entre prevenção geral e prevenção especial, e ambas se apresentam nas formas negativa e positiva. A seguir, veremos cada uma delas.

Prevenção geral

Define-se, na modalidade negativa ou positiva, por um propósito de não somente punir o criminoso, mas de aproveitar-se da sanção como uma ferramenta pedagógica para toda a sociedade. Assim, "ensina-se" a população a não delinquir, por meio do medo (modalidade negativa) ou da confiança na norma (modalidade positiva).

Prevenção geral negativa

O clássico *Vigiar e punir*, de Michel Foucault (2014), inicia-se com o relato chocante da execução de um parricida chamado Damiens:

> [Damiens fora condenado, a 2 de março de 1757], a pedir perdão publicamente diante da porta principal da Igreja de Paris [aonde devia ser] levado e acompanhado numa carroça, nu, de camisola, carregando uma tocha de cera acesa de duas libras;

[em seguida], na dita carroça, na praça de Greve, e sobre um patíbulo que aí será erguido, atenazado nos mamilos, braços, coxas e barrigas das pernas, sua mão direita segurando a faca com que cometeu o dito parricídio, queimada com fogo de enxofre, e às partes em que será atenazado se aplicarão chumbo derretido, óleo fervente, piche em fogo, cera e enxofre derretidos conjuntamente, e a seguir seu corpo será puxado e desmembrado por quatro cavalos e seus membros e corpo consumidos ao fogo, reduzidos a cinzas, e suas cinzas lançadas ao vento. (Foucault, 2014, p. 9)

Essa ideia de um mundo pré-moderno horrendo, no qual autoridades sádicas se deliciavam em causar o máximo de sofrimento possível a qualquer ladrão de galinhas, faz parte do nosso imaginário social – reforçado pela literatura, pelo cinema (lembre-se do clássico *Coração valente*, por exemplo) e mesmo pelo ensino escolar. Há certo exagero nessa visão; de todo modo, penas convertidas em espetáculo, como a de Damiens, foram praticadas em diversas sociedades ao longo do tempo. Por trás dessas penas, estava a ideia de que punições públicas exemplares serviriam para prevenir novos crimes por meio do medo. De certo modo, esse é um discurso que ainda encontra reminiscências no senso comum, não é?

Importante!

Na verdade, vários estudos corroboram a ideia de que essas punições exemplares no Antigo Regime eram aplicadas esporadicamente, reservadas a poucos casos, além de terem tido uma presença maior em algumas partes da Europa, como na França, mas pouco expressiva em outras, como na Península Ibérica. Dados analisados pelo professor António Hespanha em Portugal, por exemplo, apontam nesse sentido (Hespanha, 1993).

De todo modo, podemos pensar que as chamadas *punições exemplares* da pré-modernidade foram o gérmen do que denominamos *prevenção geral negativa*. Como bem destaca Gabriel Anitua (2008), punia-se exemplarmente e publicamente "a fim de que a marca no corpo individual se gravasse nos corações dos outros indivíduos" (Anitua, 2008, p. 109). No processo de modernização do direito penal, no entanto, quem costuma ser lembrado como o criador dessa teoria é o jurista alemão P. J. A. Feuerbach (1775-1833)[1].

Na verdade, Feuerbach deu outro nome à sua proposta: *teoria da coação psicológica*. Vejamos o que ele diz:

> Todas as contravenções têm sua causa psicológica na sensualidade, na medida em que a concupiscência do homem é o que o impele, por prazer, a cometer a ação. Este impulso sensual pode ser cancelado sob a condição de que cada um saiba **que a seu feito há de seguir, indubitavelmente, um mal que será maior que o desgosto emergente da não satisfação de seu**

---

1   Não confundir com Ludwig Feuerbach, filósofo alemão do século XIX.

impulso ao feito.[12] (Feuerbach, 2007, p. 52, tradução nossa, grifo do original)

Quem comete um crime, segundo o jurista, age porque sente uma espécie de prazer em delinquir, praticando o delito como uma espécie de resposta a seus estímulos sensoriais (Queiroz, 2008, p. 202). O raciocínio do autor é relativamente lógico: se o/a criminoso/a sente prazer em praticar o crime, é preciso anular esse sentimento por meio de um impulso mais forte em sentido contrário. Por exemplo: algumas pessoas podem sentir prazer em dirigir um carro a 180 km/h em uma via na qual a velocidade máxima permitida é 80 km/h. Diria Feuerbach que, para impedir as pessoas de cometer tal infração, seria necessário impor uma sanção que causasse um **sofrimento** maior do que o prazer de violar os limites de velocidade. Uma multa significativa e a suspensão da carteira de habilitação podem ser a **coação psicológica** necessária, ao menos para a maior parte de nós.

É interessante perceber uma diferença significativa entre a punição em Kant e em Feuerbach. No primeiro, a pena deve ser aplicada na exata proporção do delito praticado, e considera-se injusto qualquer excesso. No segundo, os malefícios da pena devem superar os benefícios do crime, a fim de desencorajar sua prática.

---

2   No original: "Todas las contravenciones tienen su causa psicológica en la sensualidad, en la medida en que la concuspicencia del hombre es la que lo impulsa, por placer, a cometer la acción. Este impulso sensual puede ser cancelado a condición de que cada uno sepa **que su hecho ha de seguir, ineludiblemente, un mal que será mayor que el disgusto emergente de la insatisfacción de su impulso al hecho.**"

Essa chamada *prevenção geral negativa* apresenta graves problemas. O mais óbvio, talvez, é traçar uma relação direta entre intensidade das penas e redução da criminalidade. Infelizmente, esse raciocínio ainda encontra bastante espaço no senso comum e mesmo entre juristas. Especialmente após um aumento sensível das cifras criminais ou algum caso pontual que cause comoção, é frequente o apelo ao recrudescimento da lei penal. A mesma demanda faz parte do cotidiano de certos setores da mídia, que se mantêm pela exploração espetaculosa de notícias criminais. Além disso, é claro, faz parte da plataforma eleitoral de determinados partidos políticos e candidatos/as, que prometem lutar pelo aumento da severidade penal e garantem que isso reduziria o crime. Essa relação é falsa e, ao menos desde o século XVIII, já há quem demonstre sua falsidade.

Um dos maiores nomes daquilo que costumamos denominar *iluminismo penal* foi Cesare Beccaria (1738-1794), já mencionado no capítulo anterior. Em sua conhecida obra *Dos delitos e das penas*, o estudioso trouxe a ideia de que "não é o rigor do suplício que previne os crimes com mais segurança, mas a certeza do castigo" (Beccaria, 2015, p. 67). Para o autor citado, o grande problema está na impunidade, o que não deixa de ser um raciocínio interessante. De volta ao exemplo da infração de trânsito, podemos imaginar, de um lado, um cenário em que há pouca ou nenhuma fiscalização nas estradas, mas com multas altíssimas, e um segundo cenário no qual as multas são menores, mas com rodovias totalmente cobertas por radares. Provavelmente, as pessoas cometeriam mais excessos no primeiro caso, ainda que a multa imposta fosse muitas vezes superior à do segundo.

Esse mito segue hoje tão falso quanto na época de Beccaria. A relação entre severidade das normas penais e redução da criminalidade nunca foi comprovada empiricamente e não nos parece que o será um dia. Pelo contrário, não apenas não existe tal relação, como podemos notar que países reconhecidos por seus baixos índices de criminalidade (como Japão, Noruega ou Nova Zelândia) nunca são os mesmos conhecidos por impor penas atrozes a seus condenados.

Importante!

Japão, Noruega e Nova Zelândia estão entre os países com melhores índices de segurança interna e externa segundo o Índice Global da Paz, elaborado pelo Institute for Economics & Peace (2019), organização de pesquisa australiana. Dados atualizados de cada ano podem ser obtidos no site <https://www.visionofhumanity.org/>.

Um segundo problema advém da ideia de prevenção **geral**, mas, como o termo destacado permanece em prevenção geral positiva, falaremos dele após apresentar essa segunda modalidade.

Prevenção geral positiva

A ideia de prevenção geral positiva também não é novidade no pensamento jurídico e tem contornos ainda na origem do direito penal moderno. De maneira mais clara, contudo, foi a partir dos anos 1970 que essa forma de prevenção se desenvolveu, com base nas ideias de Günther Jakobs. Foi nesse momento, aliás, que ela passou a ser difundida com essa nomenclatura.

Jakobs é mais conhecido atualmente por seu chamado *direito penal do inimigo*, teoria bastante polêmica e criticada. Ao longo de sua produção, o estudioso alterou sensivelmente suas ideias, que se radicalizaram gradativamente. O pensamento que nos importa aqui, ao menos por enquanto, é sua concepção inicial de prevenção.

Para Jakobs, a pena teria uma finalidade preventiva, atuando para evitar a ocorrência de novos delitos. Além disso, essa prevenção seria geral, pois serviria não apenas para que o apenado pense duas vezes antes de reincidir, mas atuaria como exemplo a quaisquer "delinquentes potenciais" de uma sociedade. A grande diferença em relação ao modelo anterior é que, nesse contexto, esse exemplo não se daria em nome do medo. Segundo o autor citado (Jakobs, 1995, p. 19, tradução nossa), "a pena existe para exercitar a confiança na norma".

As ideias de Jakobs devem bastante ao pensamento de Hegel. Na forma como o especialista alemão apresentou sua teoria, mais do que proteger bens jurídicos, o papel da pena é reiterar a validade da norma. Aqui vemos a ideia de que, ao negar o crime, a pena reafirma a norma, sobre o que falamos poucas páginas atrás. Com isso, a mensagem passada à sociedade é de que, quando ocorre um crime, a lei é desrespeitada, mas nem por isso ela deixa de existir. A pena demonstra que aquela sociedade ainda tem seus valores e que ainda compensa acreditar neles e respeitá-los.

Embora essa pareça uma versão mais palatável da prevenção geral, um grave problema permanece: o foco da punição não deveria estar no/a criminoso/a? Pensar o objetivo da punição olhando mais para a sociedade do que para o/a apenado/a é uma distorção de consequências graves, obviamente para quem delinque, mas mesmo para o restante da sociedade.

Esse modo de prevenção gera uma tendência de pensar as penas com base mais na **impressão** que ela deve causar do que no bem jurídico lesado. Pensando por esse prisma, não faria sentido, por exemplo, punir adequadamente um delito extremamente grave, mas de raríssima ocorrência. Em sentido contrário, haveria uma tendência a amplificar a punição de certos crimes nos quais a lesão é pequena (ou mesmo inexistente) caso haja uma necessidade de reforçar determinado valor perante a sociedade.

Em conclusão, talvez o maior problema da prevenção geral seja aproveitar-se da pessoa delinquente para "dar uma lição" à coletividade, seja ela uma lição de medo, seja de valores. Não se pode negar que a pena tenha tal utilidade. É certo que diariamente uma infinidade de pessoas pensa em praticar certos delitos e não o faz por conta da punição. O problema, portanto, não é que isso ocorra como "um efeito tangencial da pena, mas é inadmissível que o legislador o tenha em conta como seu objetivo principal e menos ainda como único" (Zaffaroni; Pierangeli, 2011, p. 100). Quando isso ocorre, o indivíduo se torna meio para obtenção de um fim, violando o preceito ético de que pessoas devem ser um fim em si mesmas. Na conclusão de Zaffaroni e Pierangeli (2011, p. 102):

É lógico que a pena, ainda que cumpra em relação aos fatos uma função preventiva especial, sempre cumprirá também sua função simbólica. No entanto, quando só cumpre esta última, será irracional e antijurídica, porque se vale de um homem como instrumento para a sua simbolização, o usa como um meio e não como um fim em si, "coisifica" um homem, ou, por outras palavras, desconhece-lhe abertamente o caráter de pessoa.

Prevenção especial

Seguimos para as teorias de prevenção especial, que, de início, resolvem a grande fragilidade da prevenção geral. Como acabamos de ver, essa categoria de prevenção foi muito criticada por focar mais na coletividade do que no/a condenado/a. A prevenção especial elimina esse problema, concentrando-se na pessoa acusada. Novamente, comporta duas versões, uma negativa e outra positiva.

Prevenção especial negativa

A prevenção especial negativa surge de um profundo pessimismo. Ela traz indissociavelmente um reconhecimento da falência do direito penal. Isso porque pressupõe que **nada funciona** e se sustenta na ideia de que, ao menos enquanto durar a pena, aquela pessoa será um incômodo a menos. O raciocínio é simples: se o/a criminoso/a estiver detido/a, não estará na rua praticando crimes. Além disso, ela preserva o argumento sádico da prevenção geral negativa: previne-se por meio do medo, com a diferença de que o foco sai da criminalidade geral e parte para a reincidência do agente. A experiência da pena representaria um trauma suficiente para que quem passasse por ela não voltasse a delinquir.

Se pretendemos viver em um **Estado Democrático de Direito**, não há nada que se salve dessa teoria. Como vimos, ela não dá à pena nenhuma utilidade além de manter o/a apenado/a sob custódia enquanto a cumpre e de ameaçar com a possibilidade de uma nova condenação. Essas funções tanto são autoritárias quanto falsas como soluções para a criminalidade.

A ideia de que, enquanto cumpre pena, a pessoa ao menos não representa um risco à sociedade é falsa. Primeiro, porque essa ideia valeria apenas para as penas de prisão, e a rigor em regime fechado, o que representa uma parte das espécies de pena existentes no ordenamento brasileiro. Além disso, porque sabemos que os presídios podem ser também espaços de criminalidade. A precariedade do sistema penitenciário fez dele um ambiente fértil para o desenvolvimento de facções criminosas, que recrutam novos membros dentro dos presídios. Também sabemos que, não raro, essas facções interagem com o mundo além das grades, influenciando na atuação de quem está em liberdade. Em última análise, esse modo de operar o direito penal apenas afasta temporariamente o/a criminoso/a dos olhares da população e paga por isso um preço muito alto: o de que ele/a retorne à sociedade "pior" do que quando a deixou.

Esse último ponto se fortalece quando defendemos a ideia de que a pena deveria amedrontar, pois, se for assim, quanto piores forem as condições de cumprimento da pena, melhor ela alcançaria seu objetivo. Tal procedimento, obviamente, não só é desumano e cruel, mas também equivocado, pois tende a devolver à sociedade alguém com muito mais raiva do que com medo.

Finalmente, para que essa modalidade seja mais eficaz, é preciso isolar o/a condenado/a ao máximo da sociedade, dando preferência à prisão no lugar de outras formas de cumprimento de pena, das quais falaremos oportunamente. Na prática, trata-se de um grande retrocesso, pois a aplicação de penas alternativas à prisão mostra-se mais proveitosa tanto para quem as cumpre quanto para a sociedade. Além disso, tenderia a multiplicar a população carcerária, causando novos problemas.

Prevenção especial positiva

A prevenção especial positiva, por sua vez, parece ser a mais avançada das modalidades que estudamos até este ponto do texto, pois, de partida, elimina os principais problemas de suas antecessoras: a instrumentalização da prevenção geral e a crueldade das formas negativas. Por isso, essa teoria conquista a simpatia de quem quer acreditar no Estado Democrático de Direito e, ao mesmo tempo, nos fins do direito penal.

Ao longo do tempo, mas sobretudo na segunda metade do século passado, essa teoria ganhou variadas contribuições, influenciando, inclusive, transformações no ordenamento penal de diferentes países (Busato, 2015, p. 232). Em linhas gerais, o que caracteriza essa forma de prevenção é a ideia de que as pessoas podem ser corrigidas pelo direito penal. Por isso, apelidamos tais conceitos de *teorias do re*, já que estão associados a ideias como reeducação, ressocialização, recuperação etc. A consecução de tais fins, é claro, pressupõe um sistema mais completo e multidisciplinar.

Quando pensamos em prevenção especial positiva, portanto, podemos ser levados/as a imaginar o melhor dos cenários: penas com um potencial educativo, estabelecimentos prisionais dignos, com o acompanhamento de profissionais diversos/as, momentos de lazer, *workshops*, ensino técnico, esporte, clube do livro etc. Então, qual é o problema?

Dessa descrição, o problema mais imediato talvez seja sua distância da realidade. Em alguns poucos países, as condições de cumprimento de pena podem ser as melhores possíveis, mas essa definitivamente não é a realidade na maior parte do globo. No entanto, essa ainda não é, em nossa opinião, a principal falha da prevenção especial positiva. Seu principal problema é supor que o direito penal tem o poder de transformar quem ele atravessa.

De certa maneira, a prevenção especial positiva é uma das utopias da modernidade. Foucault (2014), ao analisar o surgimento das prisões modernas entre o final do século XVIII e o início do século XIX, mostra justamente isso. As mudanças nos modos de punir, como já vimos, não refletem exatamente a busca de formas mais dignas de castigar, mas principalmente modos mais "úteis". Assim, a prisão foi projetada como um "aparelho para transformar os indivíduos" (Foucault, 2014, p. 225), tornando-os dóceis e úteis (Foucault, 2014, p. 223), por meio de técnicas que podem ser significativamente invasivas e violentas.

Logo, ao falarmos que a prisão deve **ressocializar, reeducar** ou o que quer que seja, devemos notar que essas não são expressões vazias e carregam consigo importantes implicações. Ressocializar para quê? Para qual modelo de sociedade? Reeducar segundo quais critérios? Por melhores que sejam as intenções, é legítimo que o Estado prive pessoas adultas de sua liberdade com o intuito de que sejam "remodeladas" para o convívio social? E se elas não quiserem ser "corrigidas"?

Essa última questão nos leva a um grande problema da prevenção especial como um todo, mas sobretudo em sua vertente positiva: a confusão entre punibilidade e periculosidade (ou ainda, punibilidade e "recuperabilidade"). Em nosso Código Penal (CP), temos a descrição de atos tipificados como crimes e sua devida punição ("pena: detenção, de tanto a tanto tempo"; "pena: reclusão, de tanto a tanto tempo, e multa" etc.). Como veremos, o Código também define critérios mais ou menos objetivos para delimitar esse *quantum* de punição no caso concreto. A questão é: essa pena pode ser condicionada à possibilidade de **recuperação** do/a apenado/a? À **transformação** ou ao arrependimento da pessoa?

Suponhamos, por exemplo, que alguém viva da prática de furtos – art. 155 do CP: "subtrair, para si ou para outrem, coisa alheia móvel" – e que essa pessoa tenha sido condenada por seus crimes e cumprido exemplarmente sua sentença até o último dia. Agora imagine que, nesse último dia, questionada se havia aprendido a lição, a pessoa respondesse que não voltaria a praticar furtos, mas não se arrependia em nada dos crimes que praticara. Ou pior: que a pena não lhe ensinou nada, que ela abominava a ideia de trabalhar para obter o próprio sustento e provavelmente voltaria a praticar furtos, tomando apenas mais cuidado para não ser pega. Se, em suma, a pessoa aceita cumprir adequadamente a pena imposta, mas rejeita toda a ética que a fundamenta, seria legítimo prorrogar a pena até que ela atingisse seu objetivo esperado? Entendemos que não, pois teríamos que aceitar, em última análise, a possibilidade de estender as penas ilimitadamente.

Imaginemos, por outro lado, uma situação contrária: alguém cometeu um delito que, por um motivo qualquer, não poderá jamais ser repetido. Se o fundamento da pena na prevenção especial é que o/a agente não volte a praticar o crime, como legitimamos a punição? Quando pensamos a pena apenas em sua modalidade preventiva, essa seria uma hipótese em que ela perde o sentido.

Por fim, questionemos o ponto fulcral em que se sustenta a prevenção especial positiva: a ressocialização. Será mesmo que a melhor maneira de ressocializar alguém é afastando esse indivíduo da sociedade?

— 2.1.3 —
Teorias mistas ou ecléticas

Diante dos impasses oferecidos tanto pelas teorias retributivas quanto pelas preventivas, há (como quase sempre no direito) quem proponha uma terceira via, que enxergue na fundamentação da pena um pouco de tudo que vimos até aqui. Assim, temos as denominadas *teorias ecléticas* ou *teorias mistas da pena*. Muitos/as autores/as afirmam, aliás, que é essa a fundamentação adotada pelo ordenamento brasileiro, pois o importante art. 59 do CP (ao qual dedicaremos um capítulo quase inteiro) declara que a pena deve ser aplicada "conforme seja necessário e suficiente para **reprovação e prevenção** do crime" (grifo nosso).

Apesar dessa ideia mais presente, há quem entenda que não há espaço para falar em teorias retributivas no ordenamento brasileiro. Para parte da literatura especializada, *reprovação* e *retribuição* têm sentidos diversos. O sentido de reprovação estaria muito mais ligado à reafirmação dos valores ético-jurídicos da nossa sociedade do que ao sentido de retribuição conforme estudamos (Figueiredo, 2014, p. 12).

Nesse campo, o nome mais lembrado é o do jurista alemão **Claus Roxin**, que, desde os anos 1960, trabalha para solucionar os impasses das teorias anteriores. Como o autor explica, permanecia "um antagonismo nunca resolvido entre um Direito Penal puramente retributivo e um Direito Penal preventivo", impasse que "só pode resolver-se com essa decisão salomônica em favor de um sistema dualista, binário ou de via dupla[13]" (Roxin, 1981, p. 15, tradução nossa).

Quando olhamos para aquelas propostas, pode parecer mesmo estranho tentar encaixar a fundamentação da pena em categorias estanques. Em alguns casos, a pena pode ter, predominantemente, uma finalidade retributiva; em outros, preventiva. Eticamente, é mais adequado que o foco da pena seja a pessoa que a recebe, mas também é inegável que ela produz efeitos na coletividade. Além disso, apesar da crítica de que a solução **eclética** busca conciliar teorias opostas, é possível dizer que retribuição e prevenção são opostos complementares, de modo que a conciliação é possível.

Outra crítica, que nos parece mais contundente, é que, ao somar os prós oferecidos pelas teorias retributivas e preventivas, somam-se também seus contras. Cientes disso, as teorias ecléticas buscam contornar tais dificuldades, dando maior destaque aos fundamentos que melhor atendem distintas situações ou momentos da aplicação da pena e valorizando outras ferramentas para prevenir a criminalidade (políticas públicas de qualidade, educação, política criminal mais ampla etc.). Entretanto, dar legitimidade às diferentes teorias da pena parece trazer mais malefícios do que benefícios, como destaca Figueiredo (2014, p. 80-81):

---

3   No original: "nunca resuelto antagonismo entre un Derecho Penal puramente retributivo y un Derecho Penal preventivo [...] sólo puede resolverse con esta decisión salomónica en favor del sistema dualista, binario o de la doble vía."

Aumentam-se as penas em abstrato a pretexto de prevenção geral, criam-se empecilhos para o gozo de direitos da execução em nome da prevenção especial, pune-se o autor de crimes pontuais e de difícil repetição em nome da justiça e dessa forma a demanda punitivista acha-se permanentemente justificada.

Com base no que vimos até agora, você pode estar se perguntando: há então alguma maneira satisfatória de dar legitimidade à aplicação da pena? Para muitos/as penalistas, a resposta é "não".

— 2.2 —
Teorias deslegitimadoras

Em face dos problemas da pena (ou mesmo do direito penal), encontramos propostas diversas, que podem ser colocadas sob o guarda-chuva do que denominamos *teorias deslegitimadoras da pena*. Com um conceito tão amplo, estamos abrangendo múltiplas vertentes, distribuídas por todo o espectro político, desde o anarquismo até o marxismo e o liberalismo radical. Diante da impossibilidade de fazermos uma análise detalhada dessas ideias aqui, é preciso lançar mão de uma conceituação bastante aberta: por *teorias deslegitimadoras*, fazemos referência a percepções que negam qualquer fundamento válido para a pena. Não aceitam a pena como retribuição tampouco como prevenção, geral ou especial, positiva ou negativa.

Isso não significa assumir que todas elas defendam uma extinção da pena ou do direito penal, como veremos. Por isso, é importante entendermos essa ideia de legitimidade.

Vejamos o que defende Raúl Zaffaroni a partir das ideias sintetizadas por ele juntamente com Alagia e Slokar. Para o jurista argentino, a pena produz diversos efeitos, mas falha em todas as suas funções declaradas: "não repara nem restitui" e "tampouco detém as lesões em curso ou neutraliza os perigos eminentes". Simplesmente "a pena é um exercício de poder que não tem função reparadora ou restitutiva" (Zaffaroni; Alagia; Slokar, 2007, p. 56, tradução nossa). A ideia de **poder** aqui é significativa, pois se afasta da legitimidade. O Estado pune porque tem poder para fazê-lo, e não legitimidade.

Por esse motivo, Zaffaroni propõem um conceito **negativo** e **agnóstico** da pena. Negativo porque não enxerga nenhuma função salutar na pena; agnóstico porque as demais teorias sempre falharam em explicar satisfatoriamente a função da pena. A escolha do termo *agnóstico* acaba sendo interessante: não é que não haja uma função do poder punitivo, mas não a conhecemos e não temos como conhecê-la. Apesar de deslegitimar a função da pena, Zaffaroni não deslegitimam o direito penal: ao contrário, veem nele um instrumento de controle do poder punitivo: "a função do direito penal não é legitimar o poder punitivo, mas contê-lo e reduzi-lo, elemento indispensável para que o estado de direito subsista e não seja substituído brutalmente por um estado totalitário[[4]]" (Zaffaroni; Alagia; Slokar, 2007, p. 5, tradução nossa).

Com base nessas premissas, é difícil pensar em teorias deslegitimadoras, já que o pensamento ligado a elas não apenas nega as funções anteriormente atribuídas à pena, mas recusa a possibilidade de lhe atribuir outras funções. De certa maneira, propor uma teoria da pena é buscar uma maneira de legitimá-la, tarefa que, para esses autores, não é realizável.

Diante desse impasse, ainda é preciso pensar **qual** o direito penal que queremos e **quanto** direito penal queremos. E, se não há uma função legítima na pena, essa resposta deverá ser: pouco ou nenhum direito penal.

Assim, temos propostas normalmente definidas como minimalistas, nas quais encontramos autores como o italiano Alessandro Baratta (2013). No início da década de 1980, o estudioso publicou *Criminologia crítica e crítica do direito penal*, uma obra sistemática e introdutória, que apresenta e critica uma série de propostas que compõem o que poderíamos chamar de *criminologia tradicional* e encerra apresentando sua própria perspectiva. Para o autor citado, o direito penal está **recheado de distorções e atua prioritariamente para punir os mais pobres, deixando em segundo plano (ou mesmo impunes) aqueles que detêm maior poder econômico e cujos crimes em regra são muito mais lesivos à coletividade** – grandes crimes

---

4   No original: "La función del derecho penal no es legitimar el poder punitivo, sino contenerlo y reducirlo, elemento indispensable para que el estado de derecho subsista y no sea reemplazado brutalmente por un estado totalitario."

econômicos, ambientais, crime organizado etc. Com isso, dá destaque à **seletividade** do direito penal, problema que infelizmente nunca deixa de ser atual.

Além de desigual e seletivo, o direito penal é falho como resposta ao desvio. Em contraposição a uma **política penal**, focada na aplicação da legislação penal, Baratta (2013, p. 201) apresenta uma **política criminal**, por sua vez, mais abrangente. Pode parecer uma mera escolha terminológica, mas ela retira o protagonismo da pena e sugere um olhar mais amplo para o controle do desvio.

O que Baratta propunha então é uma "perspectiva da máxima contração e, no limite, da superação do sistema penal" (2013, p. 206). É claro que isso só é possível com mudanças drásticas, como a despenalização de boa parte das condutas que lotam os códigos penais e a substituição da pena por formas de controle alternativas, de natureza civil, administrativa ou comunitária, por exemplo.

Contemporaneamente, essas ideias estão ligadas a expressões que pertencem à ordem do dia nas ciências penais, como *justiça restaurativa, direito penal mínimo* e *abolicionismo penal*. Esta última, sobretudo, vem ganhando cada vez mais força, embora muitos/as juristas – mesmo entre os/as mais progressistas – ainda lhe sejam renitentes. Mais do que uma teoria, estamos a falar de um movimento que envolve juristas e pensadores diversos das ciências sociais, entidades da sociedade civil etc. Na concretude, essas propostas contêm grandes dificuldades, mas podem funcionar como um bom horizonte a ser perseguido.

Do ponto de vista histórico, não cansamos de reforçar que nosso direito penal é fruto de uma razão moderna, que começou a se formar por volta dos séculos XVI e XVII, mas que ganhou contornos mais definidos sobretudo nos séculos XVIII e XIX. A maneira como lidamos com o desvio hoje é, portanto, uma possibilidade histórica entre inúmeras outras. Não é, como muitas vezes somos levados a crer, produto de uma "evolução histórica" linear, homogênea e necessária (Fonseca, 2009, p. 159-161). Isso significa dizer que o direito penal como conhecemos não é produto de uma longa decantação histórica, desde as sociedades primitivas até o presente. É, pelo contrário, uma invenção recente e, como tal, tomando emprestado o argumento de Foucault, talvez seu fim esteja próximo (Foucault, 2000, p. 536).

— 2.3 —

Para concluir

A pena como a conhecemos não é a única forma de lidar com o desvio, o crime ou o comportamento humano. Especialmente se pensarmos o Estado de coisas (inconstitucional) das penas no Brasil, veremos que a situação é tão caótica ao ponto de sequer conseguirmos compreender quais as teorias da pena que têm aceitação por aqui: às vezes parece que todas, às vezes parece que nenhuma, e, na maioria das vezes, parece que os conceitos de pena nos livros e na prática nem sejam a mesma coisa.

Vemos, ano após ano, o aumento do encarceramento em massa no Brasil (Brasil, 2019b) e que sua justificativa ou vem do senso comum (como costuma ser o caso dos noticiários e mesmo de projetos de lei sobre o assunto) ou está nas entrelinhas de qualquer coisa que o sistema penal não diz – mas faz! (Andrade, 2015).

Capítulo 3

*Princípios constitucionais
da pena*

Toda pessoa que se dedica ao estudo do direito já se acostumou, desde o início, à importância dos princípios. Praticamente todas as áreas do direito dedicam um tópico específico a sua discussão e, quase sempre, o endereço dessas disposições é o mesmo: o art. 5º da Constituição da República Federativa do Brasil.

Aqui não será diferente e esse capítulo se dedica a isso. Procuraremos, no entanto, problematizar as **funções** (declaradas e não declaradas) que esses princípios desempenham na cultura e no ordenamento jurídicos brasileiros. Além disso, procuraremos entender como eles podem fazer parte de estratégias de lutas e disputas pela própria compreensão histórica do que seja o direito.

Após essa discussão, endereçaremos alguns dos princípios, das garantias e dos fundamentos da República Federativa do Brasil que sejam diretamente relacionados à teoria da pena: a dignidade da pessoa humana, a legalidade, a intransmissibilidade da pena, a individualização da pena, a proporcionalidade entre delito e sanção, as penas proibidas pela Constituição Federal e os direitos mais vinculados à humanização das penas.

— 3.1 —
Os princípios... eram um fim?

A ideia de princípios, não raramente, tem a ver com o **início** de algo. Como aquele retorno a um passado distante que explicaria como tudo se desenvolveu até hoje. "No princípio criou

Deus". Assim, interpretamos como Deus teria criado o mundo com base em palavras – e são elas que mantêm o mundo acontecendo, sendo criado e regido por uma divindade. "No princípio era o Big Bang". Com essa frase simplificamos explicações científicas complexas para divulgar o conhecimento de modo que ele faça sentido para o público leigo, estabelecendo, também aqui, um princípio explicativo. E assim vai: utilizamo-nos da ideia de **princípios** para explicar o mundo dos saberes – inclusive o mundo presente. Poderíamos pensar a ideia de princípios com esse sentido também para o direito?

Construímos para o direito constitucional um **mito fundador** que se vincula à ideia de aceitarmos a Constituição como se fosse uma simulação de **contrato social**, como o *reset* do *gamer*. Um reinício que detém poder para ressignificar o porquê de os humanos viverem em sociedade – e o próprio significado dessa sociedade! Sob muitos aspectos, a Constituição não deixa mesmo de ser esse **recontrato** social: afinal, novas Constituições demarcam momentos de ruptura com uma ordem social e, principalmente, com uma ordem jurídica anterior. Foi assim com as Constituições brasileiras até a atualidade, e não pensamos que seria exagero atribuir essa qualidade às Constituições modernas. Revoluções e golpes vêm e vão, trazendo consigo suas prioridades jurídicas.

Se entendemos, então, os princípios como marcadores do início de um novo Estado, de um compromisso entre Estado e cidadãos/ãs, como estruturas que devem, portanto, nortear todas as decisões jurídicas e políticas de um Estado de Direito daquele ponto em diante etc., compreender os princípios constitucionais como um recomeço faz, sim, sentido, pois, a partir daquele ponto, tudo tende a ser diferente. Essa concepção é uma clara simplificação de um fenômeno histórico muito complexo, mas, mesmo uma interpretação generalista, que visa a compor uma chave de leitura válida para um estudo de longa duração, chega a conclusões similares. Para Fioravanti (2009, p. 5, tradução nossa, grifo nosso),

> o constitucionalismo é um movimento de pensamento desde as suas origens orientado para a prossecução de **fins políticos concretos**, consistindo essencialmente na **limitação dos poderes públicos** e na afirmação de **esferas de autonomia normativamente garantidas**.[1]

As Constituições herdam de seu irmão mais velho, o contrato social, a característica de serem um documento voltado à limitação dos poderes do/a soberano/a, seja rei, rainha, presidente, ou mesmo uma tão etérea **vontade geral**. Por isso, trazem, em seu ventre, disposições voltadas à separação de poderes, aos freios e contrapesos, à organização do Estado. Nesse sentido, congregam também princípios de limitação direta do poder do Estado, como o princípio da legalidade.

---

1 No original: "Il costituzionalismo è un movimento di pensiero fin dalle sue origini orientato a perseguire finalità politiche concrete, essenzialmente consistenti nella limitazione dei poteri pubblici e nell'affermazione di sfere di autonomia normativamente garantite."

Afirmar direitos e garantias também é uma maneira de limitar o poder do Estado, pois cria esferas de autonomia do indivíduo contra sua autoridade. Os direitos à igualdade, à liberdade, à inviolabilidade de domicílio e à vida, por exemplo, atuam em diferentes flancos, já que, além de restringir o poder do Estado de atuar lesando esses direitos, também obrigam o Estado a defendê-los de outras pessoas e, ainda, garantem sua imposição por parte da pessoa que os detém.

Essa concepção pode se tornar especialmente importante para o direito penal, que, das áreas do direito, é aquele em que se insere a relação mais perigosa e conflituosa entre Estado e indivíduos. Assim, o constitucionalismo pode atender a fins políticos concretos, capazes de serem defendidos e exigidos em juízo – contra terceiros, mas também contra o próprio Estado.

E é assim que boa parte da produção acadêmica crítica brasileira sobre direito penal se faz com base na ideia de que o Estado deveria respeitar esses princípios penais e que, ao não fazê-lo, perde legitimidade como **contrato** e merece, portanto, ser repensado, reestruturado ou reorganizado. Essa concepção é muito útil e pode trazer vitórias em julgamentos constitucionais, difusos ou concentrados.

Como exemplos de sucesso dessa construção argumentativa, podemos citar dois, entre vários, ligados diretamente à principiologia da teoria da pena. O primeiro trata da aplicação da vedação das penas perpétuas e o segundo, da necessidade de individualização da pena, ambos direitos constitucionais dispostos no art. 5º da nossa Constituição, como veremos ainda neste capítulo. Portanto, fique tranquilo/a se não compreender totalmente esses princípios agora – eles serão mais bem analisados no decorrer do capítulo.

No primeiro caso, o Supremo Tribunal Federal (STF) decidiu, no *Habeas corpus* n. 84.219, de 23 de setembro de 2005, que a medida de segurança (resposta estatal à/ao inimputável que comete crimes) não pode passar do período máximo de 30 anos. Embora o CP disponha que a internação se dará por tempo indeterminado, enquanto durar a periculosidade do delinquente, o Supremo entendeu que tal norma feria o princípio da vedação das penas perpétuas (você entenderá melhor essa questão quando discutirmos as medidas de segurança, no Capítulo 11).

Já no segundo caso, o STF estabeleceu (em súmula vinculante) que a lei não poderia determinar que a pena correspondente ao cometimento de crime hediondo fosse cumprida integralmente em regime fechado (Lei n. 8.072, de 25 de julho de 1990). Tal disposição ia contra a individualização da pena, também esse um princípio penal consagrado no art. 5º da Constituição Federal.

Ora, podemos então afirmar que compreendemos as estruturas jurídicas dessa forma, como uma série de princípios que reiniciam, ressignificam e reestruturam a ordem social? Pois sim! Porém, não podemos nos esquecer de que são esses mesmos princípios que **legitimam** a ordem social como está posta, que garantem que ela se sustente apesar dos pesares, apesar de tudo. Essa talvez seja sua função mais profunda, mas poucos/as comentam; é o estabelecimento desses princípios que garantem que, ainda que desrespeitados, o Estado se mantenha erguido. Afinal, o contrato social - e, menos ainda, a Constituição - não permite o rompimento unilateral do compromisso.

Quando pensamos a principiologia no direito, é bem comum que nela enxerguemos a salvação, a civilidade, os pontos que seguram em pé uma sociedade democrática. Curiosamente, justamente por isso acreditamos nessa sociedade e a pensamos legítima. Ora, não se engane, cara leitora, caro leitor: os princípios são desrespeitados pelo Estado a todo momento. Ou será que temos, de fato, uma sociedade justa e solidária, com igualdade entre homens e mulheres, dignidade humana para todas e todos, sem discriminação?

Conhecer os princípios pode ser, como vimos, um passo importante para conquistar batalhas importantes no campo jurídico, mas não podemos nos iludir e pensar que eles serão seguidos sempre. Trata-se de apenas uma das táticas para conseguir valer os interesses em juízo. A história e, por consequência, o direito constituem-se de lutas, de interesses, de jogos (Foucault, 2000; Fonseca, 2009). E o respeito aos princípios, essas proposições metafísicas de 300 anos, não pode ser a única tática disponível (Fonseca, 2004, 2016).

— 3.2 —
Princípios e teoria (e aplicação) da pena

Como vimos na seção anterior, conhecer os princípios pode ser uma tática importante para fazer valer os interesses em juízo e mobilizar o Estado para garanti-los. Ainda que essa iniciativa nem sempre funcione, ela deve ser operada com cautela e maestria pelo/a jurista.

Para isso, selecionamos parte da principiologia constitucional relacionada à teoria da pena e/ou a sua aplicação. Iniciaremos com a análise da ideia de dignidade da pessoa humana, seguindo para os princípios da legalidade, da culpabilidade, da individualização da pena, da proporcionalidade, da inderrogabilidade da pena e da "humanização" das penas. Por fim, analisaremos quais são as penas vedadas pela Constituição Federal.

— 3.2.1 —
Dignidade da pessoa humana

"A República Federativa do Brasil, formada pela união indissolúvel dos Estados e Municípios e do Distrito Federal, constitui-se em Estado Democrático de Direito e tem como fundamentos: [...] a dignidade da pessoa humana" (art. 1º da Constituição Federal de 1988).

Este é o primeiro artigo do documento mais importante do ordenamento jurídico brasileiro. Ele não está sozinho, já que a dignidade humana se tornou, nas últimas décadas, especialmente após a Segunda Guerra Mundial, uma espécie de consenso ético no mundo ocidental. "Ela é mencionada em incontáveis documentos internacionais, em Constituições, leis e decisões judiciais. No plano abstrato, poucas ideias se equiparam a ela na capacidade de seduzir o espírito e ganhar adesão unânime" (Barroso, 2010, p. 2). Quem, afinal, seria contra a dignidade da pessoa humana?

Essa pergunta pode apresentar acepções tão variadas quanto o sentido que a dignidade pode levar. E é importante lembrar que sempre que tratamos de princípios estamos lidando com interesses conflitantes. O direito de uma pessoa utilizar o banheiro que melhor descreve sua identidade e sua expressão sexual, independentemente de seu sexo genital, por exemplo, pode conflitar-se com o direito que minorias religiosas têm de não misturar pessoas de diferentes sexos no mesmo banheiro, e vice-versa. O direito de abrir meu negócio e com ele garantir meu sustento pode entrar em conflito com a necessidade da imposição de um *lockdown* que controle a propagação de certo vírus, e vice-versa. Poderíamos citar diversos outros exemplos, e a resposta seria sempre complicada. Paradoxalmente, o consenso, que parece claro no quadro maior, quando aproximamos as lentes parece inexistir.

Se constitucionalmente é muito difícil definir a amplitude desse fundamento ético, no direito penal ele parece gozar de relativa paz. A ideia de que mesmo a imposição de penas para responder a determinado delito **deve** respeitar a dignidade humana parece encontrar poucos competidores à altura para discutir o sentido de dignidade. Temos, claro, pessoas que querem negar direitos a quem está encarcerado ou encarcerada, mas dificilmente elas recorrerão à ideia de dignidade humana para fundamentar suas posições.

Assim, seria razoável pensar que um Estado que põe a dignidade da pessoa humana como um de seus fundamentos não teria dificuldade em estabelecer que o cumprimento da pena se desse de forma digna, com alimentos, instalações e reinserção social adequados. Por outro lado, não parece ser esse o cenário que melhor descreve o caso brasileiro. Pois, então, se faz útil, sim, apesar do aparente consenso, discutir a **dignidade das penas**.

Essa discussão, no entanto, parece pouco útil se não for feita de forma correlacional entre esse fundamento e os princípios que os garantem. Por isso, aceitaremos neste livro o desafio de analisar os vários princípios ligados à teoria da pena e à aplicação da pena sob a ótica da dignidade humana, única visão que nos parece adequada à estrutura principiológica estabelecida pela Constituição de 1988.

— 3.2.2 —
Legalidade – e anterioridade e reserva legal

O direito penal trata o princípio da legalidade com tamanha importância que sua própria história se confunde com ele. Para

Meccarelli (2011, p. 465, tradução nossa), "o direito penal continental da idade contemporânea tende a reconhecer-se em uma história relativamente breve, que corresponde à secular parábola de um único princípio ordinante: o princípio da legalidade"[2].

Tanto é assim que abundam análises, relações e correlações entre o direito penal, mesmo o contemporâneo, e o princípio da legalidade. Para Santos (2014, p. 21):

> O princípio da legalidade é o mais importante instrumento constitucional de proteção individual no moderno Estado Democrático de Direito, porque proíbe (a) a retroatividade como criminalização ou agravação da pena de fato anterior, (b) o costume como fundamento ou agravação de crimes e penas, (c) a analogia como método de criminalização ou de punição de condutas e (d) a indeterminação dos tipos legais e das sanções penais (art. 5º, XL, CR). O significado político do princípio da legalidade – regra principal da teoria da validade da lei penal no tempo –, expresso nas fórmulas de *lex praevia*, de *lex scripta*, de *lex stricta* e de incidentes sobre os crimes, as penas e as medidas de segurança da legislação penal, pode ser assim sumariado.

---

2 No original: "Il diritto penale continentale dell'età contemporanea tende a riconoscersi in una storia relativamente breve; essa corrisponde essenzialmente alla bisecolare parabola di un unico principio ordinante: il principio di legalità". Aqui se faz também necessária uma pequena nota de tradução: em português, percebe-se uma pequena diferença de sentido entre *ordinante* e *ordenador*. Segundo o Dicionário Michaelis da língua portuguesa, *ordinante* é "adj+sm (lat ordinante) Que, ou o que confere ordens eclesiásticas"; já *ordenador* significa "adj+sm (ordenar+dor) Que, ou o que ordena". Demos preferência ao primeiro termo pela origem etimológica da palavra ser a mesma em português e italiano.

Não focaremos na relação direta que o princípio da legalidade tem com o direito penal em sua totalidade. Tal tarefa com certeza tem lugar cativo em um livro sobre a parte geral do CP, sobre o penal constitucional ou mesmo sobre a teoria do delito. Aqui objetivaremos tratar de sua relação direta com a aplicação da pena, sua teoria e algumas possíveis contradições.

Em uma de suas formulações mais clássicas, o princípio da legalidade aparece imortalizado por von Feuerbach no Código Bávaro de 1813[3], com o enunciado "Nullum crimen, nulla poena sine praevia lege poenali". O curioso dessa passagem é que quase sempre lembramos apenas de sua primeira parte, que diz que não há **crime** sem prévia cominação legal. No entanto, não é possível estabelecer tampouco uma **pena** sem a prévia cominação legal. E não poderia, por conseguinte, existir aplicação de pena sem o cometimento de algum delito.

Além do clássico Código Bávaro, a Constituição Brasileira de 1988, em seu art. 5º, XXXIX, e o CP, em seu art. 1º, também reafirmam essa disposição com textos quase iguais: "não há crime sem lei anterior que o defina, nem pena sem prévia cominação legal" e "não há crime sem lei anterior que o defina. Não há pena sem prévia cominação legal" respectivamente.

---

3 Outra opção, mais aprofundada, seria buscar os livros que a chamada Escola Histórica Alemã escreveu ressignificando o direito do Antigo Regime. Como exemplo, temos *Lehrbuch des gemeinen in Deutschland geltenden Peinlichen Rechts*, do próprio Feuerbach, de 1801, que endereça, já no título, o labiríntico direito alemão do Antigo Regime e disseca, na p. 20 e seguintes, cada um dos significados do brocardo que depois inspiraria a redação do Código de 1813.

Essa disposição parece óbvia, mas não o é! Caso olhemos para a questão sob o ponto de vista da dignidade, como nos propusemos no ponto anterior, fica difícil imaginar uma lei que disponha, por exemplo, que pessoas presas devam ficar em situação de absoluta superlotação, sem espaço para se mexer; ou em contêineres cujas temperaturas ficam tão altas que é quase impossível viver; ou morram significativamente mais de doenças curáveis que a população em liberdade (Varella, 2017). Nada disso parece digno e nem está previsto em qualquer lei, mas constitui parte significativa da ideia de **cumprir pena** no Brasil. São ações aplicadas sem lei anterior que as defina – e sem prévia cominação legal.

— 3.2.3 —
Pessoalidade ou intransmissibilidade da pena

Se não podemos aplicar pena sem que haja o cometimento de algum delito, também a pena não pode ser aplicada a quem não tenha cometido o delito. Não podemos punir pessoas que não tenham cometido delitos previamente previstos em lei. Embora esse seja um desdobramento direto do princípio da legalidade, a Constituição Federal lhe guardou uma previsão específica, disposta no art. 5º:

> XLV – nenhuma pena passará da pessoa do condenado, podendo a obrigação de reparar o dano e a decretação do

perdimento de bens ser, nos termos da lei, estendidas aos sucessores e contra eles executadas, até o limite do valor do patrimônio transferido.

Várias são, no entanto, as situações em que podemos perceber que a família do/a condenado/a ou mesmo do/a réu/ré acabam sofrendo as consequências da pena de crimes que não cometeram. Como exemplos, escolhemos tratar das revistas íntimas, que, recentemente proibidas nos presídios e prisões, são ainda muito comuns e sujeitam – com um recorte de gênero bastante claro – que familiares do preso sejam submetidas a buscas corporais humilhantes.

Essa situação se agrava se mantivermos nosso compromisso de analisar também esse princípio à luz da dignidade humana. Obrigar alguém que **não cometeu qualquer crime** a tirar a roupa e abaixar-se em frente de pessoas desconhecidas e abrir os lábios vulvais para que verifiquem seu canal vaginal, posteriormente seu ânus e sua garganta, não parece algo que coadune com um Estado que põe a dignidade humana como seu fundamento principal.

Outro desdobramento desse princípio, como propõe Santos (2014, p. 32, grifo do original), é que a responsabilidade penal seja limitada a

> **seres humanos** de carne e osso, com exclusão conceitual de pessoas jurídicas, incapazes de realizar o conceito de fato punível – a proteção de direitos humanos contra violações

produzidas por pessoas jurídicas deve ser feita por meios administrativos e civis adequados, porque a responsabilidade penal da pessoa jurídica continua inconstitucional.

Vale frisar que, embora válido o posicionamento desse autor, a Lei n. 9.605, de 12 de fevereiro de 1998 (Lei de Crimes Ambientais), traz disposições em contrário, responsabilizando pessoas jurídicas ao menos por crimes ambientais, com larga aceitação (embora nada pacífica) na literatura especializada (a chamada *doutrina*) e também nos tribunais.

— 3.2.4 —
Individualização da pena

Novamente partindo do princípio da legalidade, já entendemos que, para aplicar uma pena, precisamos de uma lei anterior que a defina como a resposta a ser oferecida contra o cometimento de determinado delito. Mas será que poderíamos aplicar a todas as pessoas que cometam os mesmos delitos (furto, por exemplo) a mesma pena, pelo mesmo tempo, com a mesma gravidade?

A resposta é "não". Embora tenhamos parâmetros mínimos que balizam a aplicação da pena e isso se estabeleça com base na conduta, cada vez que um delito é praticado, ele terá contornos específicos. Seria justo punirmos com a mesma pena alguém que furtou um carro por diversão e uma pessoa que furta um frasco de *shampoo* por necessidade, por exemplo? Para que uma pessoa receba uma pena diferente para o mesmo delito, iniciamos um processo que chamamos de *individualização da pena*. Afinal, toda pena representa, de alguma maneira, uma diminuição na dignidade da pessoa que foi a ela submetida – por isso é tão importante que a pena seja sempre a menos danosa possível, ao menos se assumirmos que a dignidade humana importe na atuação penal do Estado.

Também por isso a Constituição Federal traz disposições específicas sobre a individualização da pena, com instruções feitas aos diferentes poderes sobre como lidar com as diversas espécies de pena e quais penas deveriam existir no ordenamento jurídico. Esta é a redação do art. 5º, XLVI e alíneas, da Constituição Federal:

> XLVI – a lei regulará a individualização da pena e adotará, entre outras, as seguintes:
>
> a) privação ou restrição da liberdade;
>
> b) perda de bens;
>
> c) multa;
>
> d) prestação social alternativa;
>
> e) suspensão ou interdição de direitos;

A individualização da pena no ordenamento jurídico brasileiro ocorre em três fases distintas. Repare, leitor/a, que cada fase corresponde à esfera de atuação de um dos três poderes da União. Essa é uma forma de evitar o arbítrio de qualquer deles, de modo que possa abarcar o direito penal todo para si, resultando em violência institucional. A **primeira fase** diz respeito à cominação abstrata da pena. Ela fica a cargo do Legislativo federal, que deve estabelecer quais seriam os intervalos mínimo e máximo de pena a serem aplicados a cada delito. Ao furto, por exemplo, se cometido na modalidade simples, aplicamos a pena de um a quatro anos e multa, conforme disposto no art. 155 do CP. Essa pena é calculada em abstrato segundo a hipotetização de um delito e seu possível impacto na sociedade. É, portanto, em fase posterior que se decidirá se o acusado deve cumprir um ano de pena, dois anos de pena, dois anos e um mês, quatro anos de pena e assim por diante.

É apenas na **segunda fase** que irá se estabelecer uma forma de transformar aquele intervalo de pena em algo mais palpável, seguindo critérios específicos dispostos no art. 59 do CP, e criar um *quantum* de pena específico para cada autor/a ou partícipe do delito. Nele, o juiz ou a juíza,

> atendendo à culpabilidade, aos antecedentes, à conduta social, à personalidade do agente, aos motivos, às circunstâncias e consequências do crime, bem como ao comportamento da vítima, estabelecerá, conforme seja necessário e suficiente para reprovação e prevenção do crime [...].

Assim, é na individualização da pena efetuada pelo Poder Judiciário que definiremos a duração da pena que deverá ser cumprida e a modalidade de pena que, como veremos, pode ser privativa de liberdade, restritiva de direitos e/ou multa, além de algumas outras possibilidades específicas de transação penal ou suspensão condicional da pena e do processo.

Por fim, na **terceira fase**, temos a individualização da pena também na sua execução, dessa vez a cargo do Executivo, que cuidará das progressões de regime, das possibilidades de trabalho e da remição da pena. Esse é um primeiro contato com a individualização das penas. Dedicaremos um estudo mais aprofundado a essa matéria quando conversarmos sobre **aplicação e cominação das penas**.

— 3.2.5 —
(Des)proporcionalidade das penas

A individualização da pena é uma espécie de regime de proporção, como vimos. É a aplicação desse princípio de maneira razoável que permite que pessoas que tenham cometido o mesmo delito tenham penas diferentes. Mas, além dessa **individualização**, não precisamos de algo que balize a imposição de uma pena quando os delitos são diferentes? Para responder a essa necessidade, foi elaborado o princípio da proporcionalidade entre os delitos e as penas – e, por isso, as penas para os vários delitos são tão diferentes.

A proporcionalidade teria, digamos, duas faces: por um lado, não poderíamos punir com uma pena grave demais um delito pouco ofensivo; por outro, também não poderíamos punir de menos um delito considerado grave. Essa última formulação recebe o apelido de *vedação à proteção insuficiente* e deve ser problematizada com base nas funções e nas finalidades da pena: o que significaria punir de menos em um ordenamento retributivo? O que significaria punir de menos em um ordenamento que vise à ressocialização do delinquente? Por fim, punir realmente serve para alguma coisa?

Não dispomos de uma elaboração explícita desse princípio no texto constitucional, mas podemos depreendê-lo das entrelinhas dos incisos sobre direito penal e direito processual penal do art. 5º da Constituição Federal, além dos artigos dedicados às funções do Legislativo e do Judiciário.

Podemos verificar algumas variações bastante emblemáticas entre as penas abstratamente cominadas para os diferentes delitos, algumas delas realmente conectadas a uma maior ou menor gravidade do delito, outras, ao contrário, talvez estejam desconectadas da reprovabilidade do delito – em flagrante estado de **desproporção**. Aqui trabalharemos com alguns exemplos, todos eles, por razões didáticas, escolhidos do CP.

A primeira comparação que estabeleceremos é entre dois delitos relativamente comuns (o primeiro bem mais que o segundo, podemos afirmar com certa razoabilidade), cujas penas são muito díspares. O primeiro delito é a **injúria**, tipificada no art. 140 do CP: "Injuriar alguém, ofendendo-lhe a dignidade ou o decoro: Pena–detenção, de um a seis meses, ou multa". Não se engane pelo vocabulário pomposo: injuriar é xingar. Todo mundo já xingou alguém (e se diz que não, provavelmente está mentindo) e essa conduta, por mais que possa ofender, dificilmente lesa profundamente algum dos bens jurídicos mais importantes. Vale lembrar que há outras formas de ofensa que são tuteladas diferentemente pelo ordenamento jurídico, como a Lei n. 11.340, de 7 de agosto de 2006 (Lei Maria da Penha).

O segundo delito que citaremos aqui é a extorsão mediante sequestro, seguida de morte, conforme disposto no art. 158, parágrafo 3º, do CP: pena de 24 a 30 anos! Claro que devemos fazer diversos questionamentos à utilidade e principalmente à função de uma pena tão alta, bem como se isso faria sentido com a sociedade democrática que pretendemos. No entanto, não há dúvida que sequestrar alguém para extorquir dinheiro e ainda matar a vítima do sequestro seja algo muito mais grave que a injúria, que mereça resposta mais contundente por parte do sistema penal como proposto hoje.

Na segunda comparação que faremos, porém, ocorre o oposto. Imaginemos a seguinte situação: Fulano, desejando tirar um dinheiro extra por qualquer razão, pega o celular do bolso de uma pessoa, que nem sequer percebeu a subtração, pois Fulano agiu com destreza. A conduta cometida foi de furto qualificado, cuja pena, de acordo com nosso CP, é de dois a oito anos e multa, podendo ser brevemente diminuída se o indivíduo que cometeu o crime entregar o celular intacto de volta à vítima (arrependimento eficaz). Ora, imaginemos, agora, a segunda situação: Fulano, entediado, pega o celular de Sicrana e arremessa do décimo andar de um prédio, provocando a destruição do aparelho. Devemos pensar que a segunda situação é mais grave que a primeira, afinal a vítima ficou sem o bem. Mas, nesse caso, Fulano cometeu apenas o crime de dano, art. 163 do CP, cuja pena cominada é de um a seis meses, de competência dos Juizados Especiais.

Ainda mais uma situação: Fulano, em vez de subtrair ou destruir o celular da vítima, submete-a à condição análoga à de escravidão, com situações degradantes de trabalho. Bem pior que as duas anteriores, não? Sob o ponto de vista da cominação de pena, não. A redução à condição análoga à de escravo é punida com a mesma pena do furto qualificado.

Logo, o que podemos concluir é que a dignidade da pessoa humana é, ao menos de acordo com a cominação das penas, menos importante ou de igual valor ao patrimônio. Furto com destreza, remoção de obstáculos ou alguma outra forma de qualificação é retribuído com a mesma pena da escravidão contemporânea. Ainda vale lembrar que não são poucos os casos de furto que levam pessoas às prisões brasileiras. Mas quase nenhum caso de escravidão contemporânea levam seus responsáveis a responder atrás das grades. A serviço de que está o sistema penal?

— 3.2.6 —
Vedação de penas e "humanização" das penas na Constituição de 1988

A Constituição Federal de 1988 apresenta, entre os vários direitos e garantias individuais que se conectam ao direito penal, a vedação às penas cruéis e degradantes, proibindo algumas modalidades de sanção. A maioria delas já se encontra vedada no ordenamento jurídico brasileiro desde o Código de 1830 – situação repleta de contradições históricas sociais e raciais, daquele momento até hoje.

A redação atual, a que tradicionalmente chamamos de *vedação constitucional das penas* ou alguma locução similar, se encontra disposta no art. 5º da Constituição:

> XLVII – não haverá penas:
>
> a) de morte, salvo em caso de guerra declarada, nos termos do art. 84, XIX;
>
> b) de caráter perpétuo;
>
> c) de trabalhos forçados;
>
> d) de banimento;
>
> e) cruéis;

Trabalharemos, nesta seção, o que podemos entender por cada uma dessas alíneas, procurando exceções reconhecidas pelo ordenamento e acenando para algumas contradições inerentes a cada uma delas. Além desses pontos, a Constituição declara uma série de direitos para as pessoas em situação de restrição de liberdade, como amamentação, integridade física e moral, entre outros. A esses direitos e garantias atribuímos comumente o apelido de *princípios de humanização das penas*. Também vamos trabalhar com cada um deles.

Vedação da pena de morte

Desde 1891, a pena de morte está constitucionalmente vedada no Brasil. Esse, claro, foi um debate bastante acalorado na época (Nogueira, 2018) – como talvez ainda seria hoje –, mas a questão é que a pena de morte já quase não era aplicada há bastante tempo no Brasil (Savi, 2018). Desde lá, a pena de morte só voltou a ser prevista nos períodos ditatoriais e, mesmo assim, ninguém foi **legalmente** executado/a no Brasil. Tomamos o cuidado de dizer *legalmente* porque, se, por um lado, a abolição da pena de morte como fruto de uma **sentença** jurídica válida é a regra em todo o Brasil republicano, o mesmo não podemos dizer de outras formas de execução realizadas pelas forças do Estado brasileiro. Aí, infelizmente, matar se torna uma prática comum a todo o período republicano. Inclusive ao tempo presente.

Ainda assim, não seria possível afirmar que o Estado brasileiro aboliu a pena de morte em 1988. Há exceções. E começamos por aquela vislumbrada pelo próprio art. 5º da Constituição Federal: os casos de guerra declarada.

O art. 84 da Constituição Federal elenca quais são as competências privativas da Presidência da República. No inciso XIX, temos a seguinte redação:

> declarar guerra, no caso de agressão estrangeira, autorizado pelo Congresso Nacional ou referendado por ele, quando ocorrida no intervalo das sessões legislativas, e, nas mesmas condições, decretar, total ou parcialmente, a mobilização nacional;

Dela podemos depreender o seguinte: a) apenas o/a presidente podem declarar guerra; b) para declarar guerra, o/a presidente precisa da aprovação ou, pelo menos, do referendo do Congresso Nacional; c) a declaração de guerra é um ato formal, específico, não uma mera retórica discursiva.

Embora essas conclusões possam parecer óbvias e absolutamente explícitas na redação do artigo, é importante ressaltá-las. Afinal, é comum que, em discursos políticos, por exemplo, nos deparemos com afirmações do tipo *guerra contra as drogas*, *situação de guerra na cidade X* ou *guerra contra a desinformação*. Isso não é Estado de guerra e não permite a aplicação da pena de morte. Inclusive porque a pena de morte, nesse caso específico, funciona como as demais, devendo respeitar o princípio da legalidade. Não se pode(ria), por exemplo, permitir que todas as pessoas portando fuzis (ou furadeiras, ou guarda-chuvas) pudessem ser executadas sumariamente por "estarmos em guerra" – mesmo em guerra declarada!

No entanto, se lermos o CP do início ao fim (ou fizermos uma busca automática pelo texto), não encontraremos um só crime cujo preceito secundário preveja a aplicação da pena de morte. Os delitos que preveem a pena de morte estão todos no Código Penal Militar (Decreto-Lei n. 1.001, de 21 de outubro de 1969, no Livro II) – e não são poucos! Crimes de traição (art. 335 e seguintes), cobardia (art. 363 e seguintes), espionagem (art. 366 e seguintes), motim e revolta (art. 368 e seguintes), incitamento (art. 370 e seguintes), inobservância do dever militar (art. 372 e seguintes), abandono de posto (art. 390) e deserção (art. 391 e seguintes) estão entre eles.

No caso de aplicação da pena de morte, ela se dará por fuzilamento (art. 56) e "a sentença definitiva de condenação à morte é comunicada, logo que passe em julgado, ao Presidente da República, e não pode ser executada senão depois de sete dias após a comunicação" (art. 57, CPM), exceto se "a pena é imposta em zona de operações de guerra", quando ela pode ser imediatamente executada se o "interesse da ordem e da disciplina militares" assim o exigirem (art. 57, parágrafo único, CPM).

Embora essa seja a única situação em que a pena de morte é prevista no Brasil, há outro caso no qual a possibilidade de se morrer legalmente pelas mãos do Estado é quase certa. Ela foi introduzida no ordenamento jurídico brasileiro pela Lei n. 9.614, de 5 de março de 1998, que adicionou dois parágrafos ao art. 303 do Código Brasileiro de Aeronáutica, que passou a vigorar com a seguinte redação:

Art. 303. A aeronave poderá ser detida por autoridades aeronáuticas, fazendárias ou da Polícia Federal, nos seguintes casos:

I – se voar no espaço aéreo brasileiro com infração das convenções ou atos internacionais, ou das autorizações para tal fim;

II – se, entrando no espaço aéreo brasileiro, desrespeitar a obrigatoriedade de pouso em aeroporto internacional;

III – para exame dos certificados e outros documentos indispensáveis;

IV – para verificação de sua carga no caso de restrição legal (artigo 21) ou de porte proibido de equipamento (parágrafo único do artigo 21);

V – para averiguação de ilícito.

§ 1º A autoridade aeronáutica poderá empregar os meios que julgar necessários para compelir a aeronave a efetuar o pouso no aeródromo que lhe for indicado.

§ 2º Esgotados os meios coercitivos legalmente previstos, a aeronave será classificada como hostil, ficando sujeita à medida de destruição, nos casos dos incisos do caput deste artigo e após autorização do Presidente da República ou autoridade por ele delegada.

§ 3º A autoridade mencionada no § 1º responderá por seus atos quando agir com excesso de poder ou com espírito emulatório. (grifo nosso)

Não se trata, no caso em tela, de um artigo cuja formulação coloque **morte** no preceito secundário do tipo penal, mas é bastante razoável que uma aeronave abatida em pleno voo ofereça poucas chances de sobrevivência a seus tripulantes e passageiros. Assim, não se trata de uma hipótese de pena de morte propriamente dita, porém de uma possibilidade de execução legal por parte de agentes do Estado brasileiro cujo resultado dificilmente será diverso da morte.

Uma terceira e última possibilidade, aventada por parte da literatura especializada, seria a pena de "morte" prevista na Lei n. 9.605/1998, a Lei de Crimes Ambientais:

Art. 24. A pessoa jurídica constituída ou utilizada, preponderantemente, com o fim de permitir, facilitar ou ocultar a prática de crime definido nesta Lei terá decretada sua liquidação forçada, seu patrimônio será considerado instrumento do crime e como tal perdido em favor do Fundo Penitenciário Nacional.

Acreditamos, porém, que equiparar a liquidação forçada de **pessoa jurídica** à morte de uma pessoa natural seja uma opção de mau gosto, para dizer o mínimo. Esse posicionamento, no entanto, existe e pode aparecer em determinadas provas de concurso Brasil afora. Para nós, porém, CNPJ não é CPF, caixa registradora não é coração e registro de razão social não é parto. Simples assim.

Importante!

CNPJ é a sigla para Cadastro Nacional de Pessoa Jurídica. Refere-se ao número de registro pelo qual a Receita Federal identifica uma empresa.

CPF é a sigla para Cadastro de Pessoa Física. Do mesmo modo que o CNPJ, é um número de registro que identifica o contribuinte para a Receita Federal e por meio do qual o cidadão pode realizar diversas operações, como abrir conta em banco ou solicitar um cartão de crédito.

Vedação das penas de caráter perpétuo

A Constituição Federal também veda a aplicação de penas em caráter perpétuo. Essa situação não se confunde com aquela que vemos em alguns casos específicos que as sentenças preveem, por exemplo, penas de 200, 300 anos. Claro, ninguém vive tanto assim. Mas, nesses casos, o que geralmente ocorre são concursos de crimes: a pessoa comete diferentes delitos, aos quais correspondem diferentes penas, que, somadas, atingem essas altas quantias. A ideia de prisão perpétua é diferente: a pessoa cumpre pena até a data de sua morte natural e, geralmente, a pena advém do cometimento de um delito apenas, cominada no preceito secundário do tipo penal.

Havia, até recentemente, uma possibilidade apenas, no ordenamento jurídico brasileiro, de sanção penal que poderia se estender por duração indefinida, aproximando-se muito de uma pena de caráter perpétuo: o cumprimento de medidas de segurança. Dedicaremos um capítulo inteiro a essa figura punitiva bastante peculiar que, a nosso ver, já não se encontra mais no ordenamento jurídico brasileiro desde 2001.

De modo geral, as medidas de segurança são a resposta estatal dada a pessoas que, por ocorrência de transtornos mentais, são inimputáveis e, por isso, não podem receber pena. Diferentemente da pena, a medida de segurança não era aplicada com tempo específico, devendo ser reavaliada sempre com base em um exame de periculosidade; assim, a medida de segurança poderia se estender para todo o sempre, dependendo do resultado desse exame de "normalidade".

Essa possibilidade foi afastada em julgamento do Supremo Tribunal Federal (STF). No já citado *Habeas corpus* n. 84.219, de 23 de setembro de 2005, entre outras decisões em mesmo sentido, entendeu-se que a vedação das penas perpétuas fica limitada ao período máximo de 30 anos (limite máximo da pena até o advento do pacote dito *anticrime*). Recomendamos sempre que o estudo de decisões judiciais seja feito com base no inteiro teor do julgado. Para nossos objetivos aqui, porém, basta a ementa simples:

MEDIDA DE SEGURANÇA-PROJEÇÃO NO TEMPO-LIMITE.
A interpretação sistemática e teleológica dos artigos 75, 97 e 183, os dois primeiros do Código Penal e o último da Lei de Execuções Penais, deve fazer-se considerada a garantia

constitucional abolidora das prisões perpétuas. A medida de segurança fica jungida ao período máximo de trinta anos.

Outra questão interessante de se trazer sobre a possibilidade de penas perpétuas no ordenamento jurídico brasileiro se vincula à assinatura, pelo país, do Tratado de Roma, que nos submete à jurisdição do Tribunal Penal Internacional (TPI). A convenção prevê a aplicação de penas perpétuas a alguns dos delitos nele tipificados, mas essas disposições não influem no direito interno do país nem compelem a jurisdição interna a sua aplicação. A pena perpétua só é aplicada, assim, pelo próprio tribunal nas situações específicas em que pode ser acionado.

Vedação das penas de trabalhos forçados

Quando pensamos em penas de trabalhos forçados, logo nos vêm à lembrança cenas como as do filme Ben Hur ou de Os miseráveis, em que personagens são forçados a cumprir determinada quantidade de pena servindo em um navio ou porto. As cenas citadas descrevem bem o que seriam essas penas, ao menos inicialmente: as penas de galés, em que a pessoa em situação de restrição de liberdade era forçada a cumprir sua pena por meio do trabalho, normalmente em grandes obras públicas.

A Lei de Execução Penal, Lei n. 7.210, de 11 de julho de 1984, também conhecida como LEP, prevê o trabalho como um **direito** e um **dever** do/a preso/a, servindo inclusive para remição da pena e constituição de pecúlio (a remuneração da pessoa em restrição de liberdade). Também por isso o trabalho, conforme previsto pela LEP, não se confunde com a pena de trabalhos forçados: há salário, contraprestação na forma de remição da pena, entre outros direitos.

Obrigar pessoas a trabalhar sem qualquer tipo de contraprestação aproxima-se do trabalho escravo e representa uma instrumentalização da vida humana. Conversaremos mais especificamente sobre esses pontos em outros capítulos deste livro.

Vedação das penas de banimento

As penas de banimento, exílio ou expulsão de nacionais são proibidas pela Constituição Federal. Privar as pessoas de sua identidade nacional, do convívio com seus familiares, de sua língua, seus costumes, suas tradições e sua culinária como forma de punição por um delito (ainda mais um delito político ilegítimo) atenta contra a dignidade e a liberdade de autodeterminação.

Recém-saída da ditadura, nossa Constituição trazia como cicatrizes muito recentes o tempo do *Brasil, ame-o ou deixe-o*, dos exilados e das exiladas políticos/as e dos refúgios e asilos requeridos por nacionais em diversos países. A vedação às penas de banimento deve ser encarada, portanto, como um estamento político do Estado brasileiro, que se comprometeu, inclusive, com a concessão de asilo político como princípio regente das relações internacionais da República (art. 4º, X, CF).

Vedação das penas cruéis

A crueldade define e descreve a situação das prisões brasileiras. A vedação das penas cruéis figura na Constituição como letra vazia. Superlotação, morte por doenças curáveis, chacinas, degolas, guerras de arma branca, condições sanitárias esdrúxulas são circunstâncias comuns no sistema penal brasileiro e acabam por constituir situações de tortura perene para quem está atrás das grades.

O STF, na Arguição de Descumprimento de Preceito Fundamental 347 (ADPF 347), chegou a reconhecer em plenário que a situação carcerária no Brasil compõe um **Estado de coisas inconstitucional**, além de tentar elaborar e implementar medidas que pudessem minimizar essa conjuntura (Brasil, 2015b). O ano era 2015 e, de lá para cá, no entanto, aumentamos o número de pessoas presas nos Brasil, conforme disposto nos relatórios do Levantamento Nacional de Informações Penitenciárias – Infopen (Brasil, 2019b). Nosso Poder Legislativo tomou decisões que asseveram o encarceramento em massa (como a alteração dos requisitos para progressão de regime na LEP), entre outras medidas que prejudicam ainda mais a já caótica situação de nossas prisões.

Seria impossível aplicar penas de restrição de liberdade sem que isso afetasse bens jurídicos fundamentais ligados à dignidade humana. A situação atual, porém, transforma o desdém pela vida humana em política de Estado.

Humanização das penas

A Constituição, ao vedar as penas cruéis, fez ainda algumas disposições específicas sobre os direitos das pessoas em situação de restrição de liberdade no Brasil. Algumas dessas disposições foram largamente implementadas (como homens e mulheres cumprindo penas em estabelecimentos distintos – art. 5º, XLVIII, segunda parte) e outras não saíram do papel, como o respeito à integridade física e moral dos presos (art. 5º, XLIX).

Entre esses direitos, podemos pontuar ainda que a pena deveria ser cumprida em estabelecimentos distintos não apenas de acordo com o sexo do apenado (direito reconhecido pelo Conselho Nacional de Justiça (CNJ) às pessoas trans apenas em 2020), mas também de acordo com a natureza do delito e a idade do/a apenado/a (art. 5º, XLVIII). Às presidiárias deveriam ser "asseguradas condições para que possam permanecer com seus filhos durante o período de amamentação" (art. 5º, L), entre outras garantias e direitos.

De certa maneira, não seria exagero afirmar que todas as disposições sobre direitos e garantias da pessoa em situação de restrição de liberdade são princípios ligados à chamada *humanização das penas*. O sucesso dessa missão, como vimos, é relativo – e depende muito do que podemos considerar como objetivo e realização desse longo e paulatino processo de substituição de formas de controle.

— 3.3 —
Para concluir

O direito penal, tal como o conhecemos hoje, se fez com base no discurso de que um direito "bárbaro" e arbitrário de um soberano que executava pobres coitados em patíbulos devia ser posto para trás. Aqui, claro, não defenderemos o contrário. Insistir na ideia de que penas (ainda) mais graves do que as atuais funcionariam para algo é inócuo, ineficaz e extemporâneo. Entretanto, esse olhar depreciador que o iluminismo penal deita sobre a experiência antecessora se dedica muito mais à afirmação política que a reforma penal precisava e à necessidade de exaltação dos novos princípios do que a retratar fielmente o que acontecia na época (Sbriccoli, 2009a).

O que ocorre, porém, é que esses discursos do final do século XVIII e início do século XIX legaram à posteridade jurídica a impressão de que, com o nascimento do direito penal, do iluminismo penal, o Ocidente europeu – os países "civilizados", como se dizia na época – teria se livrado dessa crueldade, desse ordenamento jurídico labiríntico que se baseava nessa violência do poder soberano (Nogueira, 2016). Esse período, no entanto, assistia à edificação de uma nova sociedade e de novos ideários bastante controladores.

Para Foucault, em seu clássico *Vigiar e punir* (2014, p. 69-70),

> O verdadeiro objetivo da reforma, e isso desde suas formulações mais gerais, não é tanto fundar um novo direito de punir a partir de princípios mais equitativos; mas estabelecer uma nova "economia" do poder de castigar, assegurar uma melhor distribuição dele, fazer com que não fique concentrado demais em alguns pontos privilegiados, nem partilhado demais entre instâncias que se opõem; que seja repartido em circuitos homogêneos que possam ser exercidos em toda parte, de maneira contínua e até o mais fino grão do corpo social. A reforma do direito criminal deve ser lida como uma estratégia para o remanejamento do poder de punir, de acordo com modalidades que o tornam mais regular, mais eficaz, mais constante e mais bem detalhado em seus efeitos; enfim, que aumentem os efeitos diminuindo o custo econômico [...] e seu custo político.
>
> [...]
>
> A conjuntura que viu nascer as reformas não é, portanto, a de uma nova sensibilidade, mas a de outra política em relação às ilegalidades[4].

Com esse olhar de que convém analisar os princípios constitucionais vinculados à teoria e à aplicação das penas e também aqueles chamados de *humanização das penas* e *vedação*

---

4   Aqui privilegiamos a forma como as traduções mais comuns no mercado colocam essa passagem. Ao analisar a obra diretamente em francês, vemos que *ilegalidade* não seria o melhor termo a ser empregado; é preferível a ideia de *ilegalismos* (Fonseca, 2002; Nogueira, 2017).

das penas *cruéis*, o que ocorre é que se troca uma crueldade por outra, um exercício de poder por outro, uma masmorra por várias. Ainda que não seja esse o objetivo da reforma, é esse o seu resultado. Não há, nem parece haver, por trás desse humanismo penal, um propósito realmente dedicado a transformar as penas em algo indolor, mas, sim, de administrar essa dor de acordo com novos propósitos.

Ainda assim, o modo como esses princípios estão dispostos na Constituição Federal nos permite utilizá-los, ao menos em certa medida, para lutar por algo que faça algum sentido de acordo com os saberes penais. Algo além das funções declaradas do direito penal. Algo além daquilo a que ele diz que veio, mas, até mesmo, algo além daquilo a que ele realmente serve.

Capítulo 4

Espécies de penas: penas privativas de liberdade

Quando falamos em *pena*, quase automaticamente pensamos em prisão. Essa é uma visão do senso comum, mas que ocasionalmente influencia profissionais e pesquisadores/as da área, razão pela qual devemos ficar atentos/as. É preciso que façamos um ajuste no nosso vocabulário, pois a pena nem sempre é prisão. Além disso, a palavra *prisão* também é cotidianamente utilizada de maneira imprecisa, significando muitas coisas: *pena*, uma denominação popular para as penas privativas de liberdade; *espaço*, um termo genérico para diferentes estabelecimentos nos quais a pena é cumprida.

Neste capítulo, começaremos a falar das diferentes espécies de penas no ordenamento brasileiro, que, conforme nosso CP, em seu art. 32, são três: penas privativas de liberdade; penas restritivas de direitos; penas de multa.

Já apresentamos a ideia anteriormente, mas não custa reforçar: as penas privativas de liberdade pertencem a um momento histórico. Elas se tornaram a espécie predominante de cumprimento de pena entre meados do século XVIII e início do século XIX, vinculadas, a partir da Europa, a princípios humanitários, mas também (ou principalmente) a uma lógica utilitária e segregadora. Suas falhas e limitações são conhecidas há muito tempo, em certa medida desde que surgiram, e sua superação ainda parece algo distante ou mesmo utópico. Como resultado, desde finais do século XIX e ao longo do século XX se tornou crescente a necessidade de pensar alternativas à prisão (Bitencourt, 2020, p. 632-633).

No Brasil, esse debate chegou tardiamente. Também vimos aqui a prisão se transformar na principal forma de cumprimento de pena, especialmente ao longo do século XIX, o que permaneceu até muito recentemente. Foi somente com a reforma de toda a parte geral do CP feita pela Lei n. 7.209, de 11 julho de 1984, que as outras espécies de pena ganharam maior espaço no nosso ordenamento. Apesar das alternativas, não há como negar que as penas privativas de liberdade se mantiveram e até ampliaram seu protagonismo desde então.

Segundo dados do CNJ, o Brasil chegou a 2020 com mais de 860 mil pessoas presas[1]; duas décadas atrás, esse número era pouco superior a 230 mil. Já a população brasileira era de 174 milhões em 2000 e passou a 211 milhões em 2020 (Brasil, 2019b). Isso significa dizer que, enquanto a população geral do país aumentou cerca de 21% nesse período, a população carcerária mais que triplicou. Somos o sexto país no mundo em número de habitantes, mas o terceiro em população carcerária (atrás apenas de Estados Unidos e China) (Otoni, 2020).

Diante desse quadro, vemos o quanto são falsas as alegações de senso comum de que o Brasil é o "país da impunidade" ou, ainda, que "ninguém vai preso no Brasil". A verdade é que prendemos muito, mas, se há um sentimento coletivo de impunidade, em parte é porque prendemos mal. Em grande medida, essas prisões são por pequenos crimes contra propriedade, tráfico de baixas quantidades de drogas e mais uns poucos tipos penais. É uma ilusão pensar que a maioria da massa carcerária

---

1   O Infopen registra um número menor, 773 mil pessoas, mas os dados são de 2019, por isso hoje o levantamento do CNJ pode ser considerado o mais preciso no momento.

é composta de criminosos violentos, grandes traficantes ou ladrões "de cinema". Por outro lado, sabemos que a ideia da ressocialização é uma falácia e que, em sentido oposto, a entrada no sistema prisional potencializa as chances de a pessoa que cometeu crimes voltar a cometer os mesmos delitos e outros mais graves.

Ademais, da nossa enorme população carcerária, cerca de um terço é composta por presos/as em situação provisória, segundo os dados oferecidos pelo Infopen (Brasil, 2019b). Significa afirmar que há uma parcela imensa de pessoas encarceradas sem uma sentença judicial que ateste sua punibilidade.

Por esses motivos, antes de tratarmos dogmaticamente sobre as penas privativas de liberdade, precisamos ao menos apontar o quanto essa espécie de pena é problemática e principalmente o quanto o uso banalizado que fazemos dela é nocivo. Poderíamos ainda falar de muitos outros problemas do cárcere: a estigmatização do/a apenado/a, os danos psicológicos que produz, o controle de presídios por facções, as rebeliões, as péssimas condições físicas dos estabelecimentos prisionais etc.[12]. Fala-se que há uma "crise" do sistema prisional, o que não é bem verdade. Crise, por definição, pressupõe um momento excepcional, um declínio diante da normalidade. A crise é um ponto de fuga da harmonia e, por isso, é impreciso falar em "crise prisional". Quando o assunto é prisão, a crise sempre foi regra.

---

2   Para uma leitura mais ampla sobre o tema, cf. BITENCOURT, C. R. **Falência da pena de prisão**: causas e alternativas. São Paulo: Saraiva, 2011.

— 4.1 —
Detenção ou reclusão?

Quando utilizamos as expressões *pena privativa de liberdade*, *detenção* e *reclusão*, você pode pensar que estamos escolhendo expressões sinônimas para não sobrecarregarmos o texto repetindo sempre os mesmos termos, mas não é disso que se trata.

Na verdade, cada um dos três tem um significado diferente, portanto, cuidado! A expressão mais ampla, *pena privativa de liberdade*, é o gênero que, no nosso CP, abriga duas espécies: a detenção e a reclusão. Além dessas duas, a Lei das Contravenções Penais (Decreto-Lei n. 3.688, de 3 de outubro de 1941) adota uma forma própria de pena privativa de liberdade, a **prisão simples**.

Muitos autores, como Paulo César Busato, entendem que "não há diferença ontológica entre as penas privativas de liberdade no Brasil" (Busato, 2020, p. 636). De fato, as condições concretas de cumprimento das penas privativas de liberdade fazem com que essas diferenças praticamente desapareçam. Teoricamente, por exemplo, reclusos/as e detentos/as cumpririam pena em espaços separados; reclusos/as iniciariam o cumprimento da pena em isolamento; detentos/as poderiam escolher o trabalho obrigatório que iriam desempenhar, e, na prática, nada disso costuma acontecer.

Por outro lado, autores como Bitencourt (2020, p. 635) defendem que há, sim, diferenças importantes, sentidas nas consequências de cada uma dessas espécies. Na opção por diferenciar **reclusão** e **detenção**, tem-se que a primeira é mais severa, reservada aos crimes mais graves, e a segunda é menos rígida, aplicada aos crimes menos graves. A **prisão simples**, por sua vez, é bem menos rigorosa, pois pertence ao campo das contravenções.

Sem dúvida, a grande diferença entre as três espécies está no regime em que podem ser cumpridas, tanto ao iniciar quanto durante o cumprimento. A reclusão, como espécie mais grave, pode iniciar seu cumprimento em regime fechado. A detenção nunca inicia em regime fechado, embora seja possível a regressão durante o cumprimento da pena. Já a prisão simples nunca será cumprida em regime fechado. Mas o que diferencia o regime fechado do semiaberto ou aberto? É justamente sobre isso que falaremos a seguir.

— 4.2 —

Regimes da pena privativa de liberdade

Como já vimos, o CP, em seu art. 59, dá à pena uma finalidade declaradamente preventiva. A Lei de Execuções Penais (Lei n. 7.210/1984), em seu art. 1º, é ainda mais contundente ao dizer que a pena deve "proporcionar condições para a harmônica integração social do condenado e do internado". Com isso, claramente se alinha à teoria da **prevenção especial positiva**.

Já expusemos as limitações dessa teoria. Não deixa de ser interessante, no entanto, que a legislação penal declare esse objetivo, pois, ao menos no plano teórico, ela traça um plano para gradativamente "devolver" o apenado à comunidade. Como ensina Carvalho (2020, p. 335), a reforma ocorrida em 1984 estrutura esse sistema de ressocialização "basicamente em dois pilares: (a) substitutivos penais; e (b) sistema progressivo". No próximo capítulo, veremos o que são esses substitutivos penais; vamos agora ao **sistema progressivo**.

O CP prevê, em seu art. 33, três regimes distintos de cumprimento de pena: fechado, semiaberto e aberto. Cada um deles é determinado conforme critérios próprios e representa uma diferente etapa nesse pretenso processo de ressocialização.

A determinação do regime dependerá do tipo penal praticado e da quantidade de pena aplicada no caso concreto, o que pode ser alterado em caso de reincidência e conforme o comportamento da pessoa condenada.

— 4.2.1 —
Regime fechado

O regime fechado, conforme estabelece o CP, será adotado inicialmente quando o indivíduo for condenado a uma pena superior a oito anos. Além disso, como já falamos, só poderá ser adotado como regime inicial para aqueles delitos cuja pena seja de **reclusão**. Seu cumprimento se dará em estabelecimentos prisionais de segurança máxima ou média.

Importante!

De forma geral, o sistema penitenciário é administrado pelos estados brasileiros, que têm estabelecimentos mais e menos seguros. As instalações mais modernas tendem a ser mais seguras. Complementarmente, temos alguns estabelecimentos construídos e administrados pela União, todos em um modelo de segurança máxima. Em 2006, foi inaugurada a Penitenciária Federal de Catanduvas, no Paraná, e, desde então, foram inauguradas mais quatro unidades (Campo Grande-MS, Porto Velho-RO, Mossoró-RN, Brasília-DF). Há previsão de outra em Charqueadas-RS nos próximos anos. O funcionamento dessas penitenciárias é regulado pelo Decreto n. 6.049, de 27 de fevereiro de 2007. O propósito é abrigar, segundo o art. 3º, "presos, provisórios ou condenados, cuja inclusão se justifique no interesse da segurança pública ou do próprio preso". Cada unidade tem capacidade para 208 pessoas.

No regime fechado, existe a obrigatoriedade do trabalho, conforme o art. 34, parágrafo 2º, do CP: "na conformidade das aptidões ou ocupações anteriores do condenado, desde que compatíveis com a execução da pena". O trabalho é um dever e não será forçado, uma vez que a Constituição não permite, mas sua recusa constitui falta disciplinar grave. Como regra, será exercido dentro do presídio, mas poderá ocorrer em obras públicas segundo certos limites, sendo necessários os devidos cuidados "contra a fuga e em favor da disciplina", de acordo com o art. 36 da LEP. Conforme o CP, o trabalho se dará durante o dia, e o/a apenado/a deverá ficar em isolamento no período noturno. A LEP determina que os/as condenados/as à reclusão, em regime fechado, serão alojados/as em celas individuais arejadas e com temperatura adequada, com dormitório, aparelho sanitário e lavatório, o que, para a imensa maioria dos casos, só existe no papel.

Além dos/as condenados/as a penas superiores a oito anos, podem iniciar em regime fechado os/as condenados/as a penas menores de reclusão, mas reincidentes ou quando outras "circunstâncias judiciais a recomendem" (Bitencourt, 2020, p. 638). Isso só se dará de modo excepcional e devidamente justificada. Mesmo nos casos de reincidência, devemos considerar as circunstâncias favoráveis que possam estar presentes e privilegiar os regimes mais benéficos sempre que possível.

Como explicamos, a legislação brasileira foi pensada para constituir um sistema progressivo, de modo que o curso natural do cumprimento de pena parte dos regimes mais graves para os mais benéficos. Excepcionalmente, porém, admite-se a regressão do regime, conforme o art. 118, da LEP, quando o/a condenado/a "praticar fato definido como crime doloso ou falta grave", "sofrer condenação, por crime anterior, cuja pena, somada ao restante da pena em execução, torne incabível o regime" ou, por fim, "frustrar os fins da execução ou não pagar, podendo, a multa cumulativamente imposta". Dessas possibilidades, a mais aberta (e que, por isso, precisa ser esclarecida) seria "frustrar os fins da execução", o que, para Nucci (2020a), está ligada principalmente ao art. 115 da LEP, que dá ao juiz a possibilidade de estabelecer condições especiais para o cumprimento do regime aberto (Nucci, 2020a, p. 163). Falaremos mais sobre regressão no Capítulo 9.

— 4.2.2 —
Regime semiaberto

Quando a condenação for superior a quatro anos, mas não exceder oito, e não havendo reincidência, o regime preferencialmente adotado será o semiaberto. Seu cumprimento, conforme o art. 33, parágrafo 1º, alínea b, do CP, será em "colônia agrícola, industrial ou estabelecimento similar". Os/As apenados/as também deverão trabalhar, seja no próprio estabelecimento em que cumprem pena, seja externamente. O trabalho externo é possível desde o início do cumprimento da pena e, ao contrário do que ocorre no regime fechado, não se limita a obras públicas. Além disso, é permitido (e desejável, não?) frequentar cursos profissionalizantes ou de instrução, inclusive ensino superior. Trabalho e estudo são duas importantes formas de redução da pena, como veremos adiante.

No semiaberto, os/as apenados/as podem obter permissão para saírem do estabelecimento, sem necessidade de vigilância, para visitarem suas famílias, frequentarem cursos e participarem de "atividades que concorram para o retorno ao convívio social", conforme o art. 122, inciso III, da LEP. Apesar da desnecessidade de vigilância direta, há possibilidade de monitoramento eletrônico do/a condenado/a se houver determinação judicial para tanto.

— 4.2.3 —
Regime aberto

O regime aberto corresponde à última etapa da privação de liberdade; é o regime inicial previsto para condenados não reincidentes a penas de quatro anos ou menos. Sua execução se dará "em casa de albergado ou estabelecimento adequado", segundo o art. 33, parágrafo 1º, alínea c, do CP. Conforme o art. 36 do diploma legal citado, o regime aberto se baseia na "autodisciplina e senso de responsabilidade do condenado".

Como o nome sugere, nesse tipo de regime o/a apenado/a não permanece no estabelecimento, ao qual se recolheria apenas durante o período noturno e nos dias de folga das ocupações que esteja exercendo. Aqui, como não é raro, temos um descompasso entre legislação e realidade.

Em seu Capítulo II, a LEP descreve os diferentes estabelecimentos relacionados ao cumprimento de pena no Brasil. Do art. 93 ao 95, temos a descrição da Casa do Albergado, espaço destinado ao cumprimento de pena privativa de liberdade em regime aberto e também da pena de limitação de fim de semana, da qual falaremos no capítulo seguinte. Conforme a legislação, esses estabelecimentos ficam separados dos demais (ou seja, não podem ser "anexos" de uma penitenciária, por exemplo). Além disso, devem ficar nas cidades, e não em regiões isoladas. Outro ponto interessante é que neles não haverá "obstáculos físicos contra a fuga", segundo o que diz o art. 94 da LEP. Mesmo sua arquitetura, portanto, não poderá emular um estabelecimento prisional, com grades, torres de vigilância etc. É preciso reforçar que o regime aberto é o último passo entre a privação de liberdade e a liberdade, ao qual são submetidos/as os/as condenados/as por crimes menos graves ou que já passaram por todo um processo de progressão da pena. Finalmente, o espaço deve conter ambientes adequados para acomodação dos/as presos/as, cursos, palestras, serviços de fiscalização e orientação dos/as condenados/as.

Como afirmamos, porém, há um profundo descompasso entre legislação e realidade. Do total de estabelecimentos existentes no Brasil destinados ao cumprimento de pena (que, sabemos, é insuficiente diante da quantidade de pessoas presas), há uma parcela ínfima desses espaços dedicados ao regime aberto. Por esse motivo, é justificado que frequentemente as pessoas confundam duas situações em tese muito diferentes: regime aberto e prisão domiciliar.

Prisão domiciliar é o cumprimento de pena na própria residência, obedecendo a uma série de determinações judiciais. Sua concessão aparece na lei como um benefício, concedido, segundo o art. 117 da LEP, apenas para:

I – condenado maior de 70 (setenta) anos;

II – condenado acometido de doença grave;

III – condenada com filho menor ou deficiente físico ou mental;

IV – condenada gestante;

Porém, diante da quase inexistência de estabelecimentos para cumprimento de regime aberto no país, essa forma de cumprimento de pena acaba sendo estendida e, na prática, se confunde com o regime aberto.

Com a Lei n. 12.258, de 15 de junho de 2010, que rege o monitoramento eletrônico de presos/as, tornou-se comum a utilização de tornozeleiras eletrônicas como forma de vigilância das pessoas que cumprem pena em regime aberto. Essa acabou sendo uma maneira encontrada para contornar a falta de estabelecimentos próprios.

Para concluirmos esse assunto, duas situações precisam ficar claras: a) regime aberto não é sinônimo de liberdade; b) o/a apenado/a não pode (ou não deveria) ser penalizado/a pela falta de estrutura estatal para cumprimento de pena. O regime aberto, cumprido nas Casas de Albergado ou na própria residência, tem uma série de regras a serem obedecidas por quem se acha nele, sob risco inclusive de regressão do regime. Além disso, a Súmula Vinculante n. 56, de 8 de agosto de 2016, do Supremo Tribunal Federal (STF), dispõe que "a falta de estabelecimento penal adequado não autoriza a manutenção do condenado em regime prisional mais gravoso", ou seja, se não há estrutura física para o cumprimento de pena em um regime melhor, a solução não pode ser manter o/a preso/a no regime mais grave.

— 4.2.4 —
Regime Disciplinar Diferenciado (RDD)

Explicamos que o CP prevê três regimes de cumprimento de pena, os quais acabamos de abordar. A Lei n. 10.792, de 1º de dezembro de 2003, no entanto, criou o famigerado **Regime Disciplinar Diferenciado**, uma "subespécie endurecida" do regime fechado, cujas hipóteses de incidência foram significativamente ampliadas recentemente pela Lei n. 13.964, de 24 de dezembro de 2019, conhecida popularmente como *Pacote Anticrime*.

Esse regime pode ser adotado quando o/a preso/a, seja provisório/a ou condenado/a, nacional ou estrangeiro/a, praticar fato que possa ser considerado crime doloso e "ocasionar subversão da ordem ou disciplina internas" (art. 52, LEP). Será aplicável, ainda, mesmo sem a acusação de crime doloso, para os casos em que a pessoa:

> I – que apresentem alto risco para a ordem e a segurança do estabelecimento penal ou da sociedade;
>
> II – sob os quais recaiam fundadas suspeitas de envolvimento ou participação, a qualquer título, em organização criminosa, associação criminosa ou milícia privada, independente da prática de falta grave.

Sua duração pode se estender por até dois anos consecutivos, podendo se repetir caso haja uma nova falta. Sua prorrogação pode ser feita sucessivamente, por períodos de um ano, caso o/a preso/a continue "apresentando alto risco para a ordem e a segurança do estabelecimento penal de origem ou da sociedade" ou mantenha vínculos "com organização criminosa, associação criminosa ou milícia privada" (art. 52, § 4º, I e II, LEP). Originalmente, o tempo total cumprido no RDD não poderia ultrapassar 1/6 da pena; a Lei n. 13.964/2019 removeu essa previsão.

Durante seu cumprimento, o/a apenado/a ficará em cela individual, com direito a deixá-la por duas horas diárias para o banho de sol. Visitas são permitidas, mas sem que haja contato físico (salvo decisão judicial expressa em contrário). As visitas serão filmadas e poderão ser fiscalizadas. O mesmo vale para entrevistas, que serão sempre monitoradas, ou conversas com advogado/a. A participação em audiências judiciais será preferencialmente por videoconferência.

Diante de suas características, o rigor punitivo do RDD é extremo e rompe com qualquer discurso ressocializador. Aliás, é paradoxal em relação ao objetivo declarado da LEP de "proporcionar condições para a harmônica integração social do condenado e do internado" (art. 1º). Desde seu surgimento, esse tipo de regime atrai críticas profundas. Busato (2004), já no ano seguinte a esse evento, publicou um artigo em que classifica o RDD como um **direito penal do inimigo**. Aqui, o autor faz menção à controversa teoria defendida pelo jurista alemão Günther Jakobs, que pode ser enquadrada mais abertamente naquilo que denominamos *direito penal do autor*. Em linhas muito gerais, significa punir alguém não por seus atos, mas por quem aquela pessoa é e aquilo que ela representa, tornando-a uma espécie de inimigo público. Bitencourt (2020, p. 675), por sua vez, define o RDD como uma "monstruosidade". Com as alterações feitas pela Lei n. 13.964/2019, o que havia de ruim no RDD ficou ainda pior.

Um ponto a ser reforçado é que uma imposição tão drástica como essa deveria, pelo menos, ser absolutamente clara em suas hipóteses de incidência. Da maneira como foi redigida, ela permite um uso profundamente discricionário e autoritário, pois emprega expressões excessivamente abertas, como "alto risco para a ordem", o que, a depender da interpretação, pode significar qualquer coisa.

Mesmo que não acreditemos na chamada *prevenção especial positiva*, a reforma ocorrida em 1984 criou um sistema de penas coerente, e essa coerência, como afirma Carvalho (2020, p. 334), se perdeu em um processo de descodificação a partir da década de 1990. O marco inicial desse processo foi a Lei n. 8.072/1990, conhecida como *Lei de Crimes Hediondos*; na mesma década, podemos citar a Lei n. 9.034, de 3 de maio de 1995 (Lei do Crime Organizado), substituída pela Lei n. 12.850, de 2 de agosto de 2013, e mesmo a Lei n. 9.714, de 25 de novembro de 1998 (Lei das Penas Alternativas[13]). Nos anos 2000, a Lei n. 10.792/2003, que institui o RDD, nos coloca de vez na era do punitivismo (Carvalho, 2020, p. 339).

---

3   Os motivos pelos quais a Lei de Penas Alternativas pode ser considerada, paradoxalmente, uma ruptura com a reforma de 1984 podem ser lidos em Carvalho (2020). Exploraremos esse argumento mais adiante.

— 4.3 —
Direitos e não direitos da pessoa presa

Ao contrário do que muita gente pensa (e defende), a pessoa presa não deixa de possuir direitos; na verdade, tem os mesmos direitos de quem não está no cárcere, com a exceção óbvia da liberdade e outras restrições ligadas ao cumprimento da pena. Em seu art. 38, o CP declara taxativamente:

> O preso conserva todos os direitos não atingidos pela perda da liberdade, impondo-se a todas as autoridades o respeito à sua integridade física e moral.

A Constituição Federal, em seu art. 5º, inciso XLIX, além de proibir penas de caráter perpétuo, de trabalho forçado, cruéis etc., também assegura "aos presos o respeito à integridade física e moral". Também é importante lembrarmos do que diz o Pacto de San José da Costa Rica, tratado internacional de direitos humanos do qual o Brasil é signatário (art. 5º, 2, Decreto n. 678/1992):

> 2. Toda pessoa privada da liberdade deve ser tratada com o respeito devido à dignidade inerente ao ser humano.

De forma mais detalhada, a LEP apresenta, em seu art. 41, um rol exemplificativo de direitos da pessoa presa, como alimentação, vestuário, trabalho remunerado, Previdência Social, descanso, recreação, assistências médica, jurídica, educacional, social e religiosa, recebimento de visitas etc. O artigo demonstra realmente uma preocupação com a manutenção da dignidade da pessoa presa, pensando até mesmo em direitos como o chamamento nominal (o/a preso/a não poderá ser "renomeado/a" para "777174", por exemplo), a fim de preservar sua humanidade e sua individualidade. Nem seria preciso dizer que nossa realidade é outra.

Especialmente pela falta de estrutura física, boa parte desses dispositivos não é aplicada na prática. Por isso, tem-se que o art. 41 da LEP não é mais que uma "carta de intenções", o que não significa afirmar que não deveríamos cobrar sua efetivação. Isso, no entanto, estará cada vez mais distante à medida que o encarceramento aumenta e a estrutura prisional em nada melhora. Qualquer melhoramento efetivo do sistema prisional exige uma política séria de desencarceramento, da qual dependeria a despenalização de uma série de condutas puníveis com a privação de liberdade, permitindo uma gestão mais proveitosa dos recursos limitados de que a área dispõe (Zaffaroni; Pierangeli, 2011, p. 686).

— 4.3.1 —
Especificidades do encarceramento feminino

Preso costuma ser um substantivo masculino, não só por um hábito linguístico, mas por uma imposição da realidade. No Brasil e no mundo, a imensa maioria de pessoas encarceradas é de homens. Nem por isso a situação das mulheres presas deve ser posta de lado. Pelo contrário, justamente por representarem uma porcentagem "pequena" da população carcerária, é preciso que olhemos atentamente para o caso delas, já que seu esquecimento tende a ser maior.

Em 2010, a Organização das Nações Unidas (ONU) editou o documento *Regras das Nações Unidas para o tratamento de mulheres presas e medidas não privativas de liberdade para mulheres infratoras*, mais conhecidas como *Regras de Bangkok* (CNJ, 2016). O Brasil teve participação ativa na elaboração e na aprovação dessas regras e, embora elas não tenham ainda a efetividade desejada na realidade nacional, sua relevância é inquestionável. Várias das regras elaboradas atentam para a condição mais complexa das mulheres, muitas delas mães (frequentemente solteiras), em imensa vulnerabilidade social, cometedoras de crimes, sim, mas também vítimas de violências profundas.

Por isso, a preocupação com a localização dos espaços de cumprimento de pena, como sinaliza a Regra 4 (CNJ, 2016, p. 22):

> Mulheres deverão permanecer, na medida do possível, em prisões próximas ao seu meio familiar ou lugar de reabilitação social.

A Regra 5, por sua vez, demonstra preocupações básicas, como a necessidade de absorventes (CNJ, 2016, p. 23):

> A acomodação de mulheres deverá conter instalações e materiais exigidos para satisfazer as necessidades de higiene específicas das mulheres, incluindo absorventes higiênicos gratuitos e um suprimento regular de água disponível para cuidados pessoais das mulheres e crianças.

Outras determinações dizem respeito à assistência médica, atenções para a segurança, vigilância, revistas etc. Além disso, algumas das determinações mais importantes certamente são as que tratam de mulheres gestantes, com filhos/as e lactantes (regras 48 a 52).

Na legislação brasileira, há algumas previsões importantes no que diz respeito às mulheres apenadas. O art. 37 do CP declara:

> As mulheres cumprem pena em estabelecimento próprio, observando-se os deveres e direitos inerentes à sua condição pessoal.

Na LEP, também temos alguns dispositivos importantes. Como regra, estabelecimentos prisionais femininos deverão empregar somente funcionárias mulheres (art. 77, § 2º, LEP). Em relação às detentas gestantes, lactantes ou com filhos pequenos, a maior mudança veio com a Lei n. 11.942, de 28 de maio de 2009, que acrescentou alguns artigos à LEP nesse sentido: haverá acompanhamento médico pré-natal e pós-parto (art. 14, § 3º); os estabelecimentos deverão contar com berçários para as detentas com filhos pequenos (art. 83, § 3º); e haverá creche para filhos menores de sete anos (art. 89).

Como de costume, muitas dessas determinações não são cumpridas. Apesar da previsão de estabelecimentos prisionais femininos, parte das mulheres encarceradas ainda fica em estabelecimentos mistos, nos quais os problemas são agravados.

Na prática, faltam os espaços previstos para as crianças, o atendimento específico de saúde, o recebimento de visitas, além de relatos comuns de violências sexuais e afrontas de todo tipo à dignidade (Santin, 2019, p. 141).

As questões básicas referentes ao público carcerário feminino são frequentemente deixadas de lado. Na realidade brasileira, é comum vermos grupos da sociedade civil organizando campanhas para arrecadar absorventes e outros itens básicos de higiene para mulheres no cárcere, que normalmente faltam diante da inércia do Poder Público.

Além de falhas estruturais, um ponto destacado em diversas pesquisas diz respeito ao abandono das mulheres apenadas. Enquanto os homens normalmente continuam recebendo visitas de suas famílias, a maioria das mulheres é esquecida por seus companheiros ao serem presas, especialmente quando são condenadas (Santin, 2019, p. 143).

Também por esses motivos, iniciativas como as Regras de Bangkok são tão importantes. É relevante destacar que a maioria das mulheres presas, no Brasil e no mundo, não responde por crimes violentos (Chernicharo, 2014, p. 90-91). Como muitas pesquisas recentes apontam, parte imensa das mulheres encarceradas no Brasil está ligada ao tráfico de drogas, no qual normalmente ocupam um papel coadjuvante, estabelecido "por relações de afetividade a algum indivíduo protagonista, do sexo masculino (irmãos, parceiros, parentes)" (Santin, 2019, p. 131). Especialmente no caso feminino, é preciso diminuir drasticamente o encarceramento, tanto com a despenalização de determinadas condutas quanto com a adoção de soluções alternativas.

— 4.3.2 —
Prisão e trabalho

O trabalho costuma ser apontado como um dever, mas é principalmente um direito de quem está em privação de liberdade. Não raro, o trabalho é apresentado como uma espécie de "antídoto" para a criminalidade - além de seu ideal civilizador, é visto como aquilo que nos confere identidade e nos dignifica. É o que diz a LEP ao apresentá-lo como "dever social e condição de dignidade humana" (art. 28). Não somos avessos ao trabalho nem negamos sua importância, no cárcere ou fora dele, mas precisamos olhar para a realidade com cuidado.

O conhecimento produzido em torno do tema, seja historiográfico, sociológico, criminológico ou mesmo jurídico, demonstra taxativamente como a lógica das prisões modernas é indissociável das mudanças trazidas ao mundo pela industrialização. Em sua visão mais crítica, Dario Melossi e Massimo Pavarini (2006) apontam esse objetivo inegável do cárcere: "educar (ou reeducar) o criminoso (não proprietário) a ser proletário socialmente não perigoso, isto é, ser não proprietário sem ameaçar a sociedade" (Melossi; Pavarini, 2006, p. 216).

Sabemos também que a necessidade do trabalho nas prisões tem um sentido de diminuir a "conta carcerária", como destaca

Wacquant (2003, p. 121). Esse sentido também remonta à ascensão da pena de prisão como principal forma de cumprimento de pena. Nessa lógica, demonstra Foucault (2014), se considerava um contrassenso que quem cumpre pena não trabalhasse, pois essas pessoas estariam sendo sustentadas com o trabalho alheio. Dupla função, portanto: "o trabalho pelo qual o condenado atende a suas próprias necessidades requalifica o ladrão em operário dócil" (Foucault, 2014, p. 236).

Com isso, queremos deixar claras as implicações do trabalho prisional, que nem sempre são declaradas. Historicamente, ele se constituiu em uma modalidade de serviço barato (quando não gratuito), um mecanismo de docilização dos/as despossuídos/as, um modo de administrar a mão de obra excedente e por aí adiante. Por esses motivos, é preciso ter cuidado em discernir os benefícios obtidos pelo/a preso/a e os benefícios "extraídos" do/a preso/a pelo Estado.

Em linhas gerais, segundo a LEP, o trabalho deverá ser executado respeitando-se as devidas precauções de segurança e higiene, embora não esteja submetido às regras da Consolidação das Leis do Trabalho (CLT). Devem ser consideradas capacidades e condições pessoais do/a apenado/a, bem como as oportunidades oferecidas pelo mercado, de modo que o aprendizado profissional seja útil também fora das grades. A duração da jornada de trabalho deve ser entre 6 e 8 horas, com direito ao descanso nos domingos e feriados. Maiores de 60 anos, doentes e pessoas com alguma deficiência física devem exercer ocupações que lhes sejam adequadas. O gerenciamento do trabalho compete ao Poder Público, mas pode envolver também a iniciativa privada. O trabalho será remunerado (no mínimo 3/4 do valor do salário-mínimo) e dá direito à Previdência Social. A respeito da remuneração, é importante sabermos quem a paga e a que ela se destina. Conforme a LEP, em seu art. 29, parágrafo 1º, a remuneração auferida deveria atender a diversas finalidades:

> a) à indenização dos danos causados pelo crime, desde que determinados judicialmente e não reparados por outros meios;
>
> b) à assistência à família;
>
> c) a pequenas despesas pessoais;
>
> d) ao ressarcimento ao Estado das despesas realizadas com a manutenção do condenado, em proporção a ser fixada e sem prejuízo da destinação prevista nas letras anteriores.

Como salienta Nucci (2020a), essa é uma listagem irreal; se fosse possível atender a tais necessidades com 75% de um salário-mínimo, estaríamos diante de um "**milagre** da multiplicação do dinheiro" (Nucci, 2020a, p. 45, grifo do original). Igualmente irreais, portanto, são aquelas notícias que vez ou outra circulam afirmando que pessoas condenadas deixam o sistema prisional com suas contas bancárias cheias.

Um último ponto a ser destacado é o uso da mão de obra carcerária pela iniciativa privada. Essa relação pode não ser necessariamente problemática; seria até desejável que o Poder Público pudesse realmente contar com a iniciativa privada para contribuir com a situação prisional. No entanto, é fundamental que, primeiramente, o trabalho do/a apenado/a não se converta em mera mão de obra barata; em segundo lugar, que ele contribua para aumentar as chances do/a apenado/a de ter empregabilidade ao deixar o cárcere, até mesmo para evitar a reincidência.

Sobre o primeiro ponto, pairam as críticas à possibilidade de pagar um salário menor ao apenado. Nesse ponto, concordamos com Nucci (2020a):

> Segundo nos parece, colocado em trabalho externo, o preso deve perceber o mesmo montante que outro trabalhador, desempenhando exatamente as mesmas tarefas, recebe, respeitadas, logicamente, as situações peculiares, como, por exemplo, verbas e gratificações de ordem pessoal que o empregado pode ter e o preso não possuirá. Situação injusta e inadmissível seria pagar ao preso 3/4 do salário-mínimo (art. 29, *caput*, LEP), quando o outro empregado recebe dois salários-mínimos, por exemplo. Representaria pura exploração do trabalho de quem está cumprindo pena. (Nucci, 2020a, p. 50)

O tema da remuneração foi objeto da ADPF 236, sob a alegação de que não há fundamento para que a remuneração do preso seja inferior ao salário-mínimo, violando os princípios da isonomia e da dignidade da pessoa humana, além da norma constitucional que garante a todos os trabalhadores o direito ao citado valor. A ação foi recentemente julgada improcedente.

Sobre o segundo ponto, acreditamos na necessidade de políticas que incentivem a manutenção de detentos/as nas empresas que os/as empregam após a liberdade e a contratação de ex-detentos/as. A reincidência, tão comum na realidade brasileira, está ligada a uma série de dificuldades encontradas pelo/a egresso/a; uma das maiores, certamente, é a dificuldade de retornar ao mercado de trabalho.

— 4.3.3 —
Exame criminológico

O CP, no *caput* dos arts. 34 e 35, institui a obrigatoriedade do chamado *exame criminológico* para condenados/as do regime fechado e semiaberto. Na letra do código, esse exame se destina à **individualização da execução** (art. 34); a LEP vai além, afirmando que ele se destina à "obtenção dos elementos necessários a uma adequada classificação e com vistas à individualização da execução" (art. 8º). Esse exame deve ser realizado por um/a médico/a psiquiatra, idealmente com a participação de outros/as profissionais, como psicólogos/as e assistentes sociais. Trata-se de uma "perícia" voltada a "descobrir a capacidade de adaptação do condenado ao regime de cumprimento da pena; a probabilidade de não delinquir; o grau de probabilidade de reinserção na sociedade, através de um exame genético, antropológico, social e psicológico" (Bitencourt, 2020, p. 662).

Sua importância decaiu muito desde a Lei n. 10.792/2003, que alterou o art. 112 da LEP. Até então, o exame era obrigatório para uma possível progressão de regime. Desde então, tornou-se opcional. Muitos/as profissionais do direito, médicos/as e psicólogos/as desacreditam o exame, mas o tema ainda é controverso. Para boa parte da doutrina penal, trata-se de algo positivo, já que pode ser utilizado para benefício dos condenados, servindo como base para eventual progressão de regime. É o entendimento de Bitencourt (2020, p. 664), Nucci (2020a, p. 21-22), entre outros. Ambos prezam, inclusive, pela obrigatoriedade do exame para os/as condenados/as do semiaberto (já que haveria uma incongruência entre o CP, que obriga, e a LEP, que faculta o exame). Porém, é preciso fazer um contraponto às "vantagens" desse exame.

Em primeiro lugar, o exame não garante a individualização da pena, pois, como sabemos, a realidade nacional é de superlotação de presídios, a maioria das unidades prisionais não tem espaços de aprendizado adequados, preparo profissionalizante e políticas públicas eficazes para atender aos/às egressos/as do sistema (Bandeira; Camuri; Nascimento, 2011, p. 33-34). Em relação a esse problema, os defensores do exame dirão que não é adequado condená-lo por causa da falta de estrutura estatal, com o que concordaríamos, se fosse seu único embaraço.

Um segundo problema é que, contemporaneamente, a maior parte dos/as profissionais da área não vê respaldo científico nesse tipo de exame, argumentando que:

> não cabe ao psicólogo avaliar se os presos "merecem" ou não ganhar a progressão e o livramento condicional, ou ainda "presumir" se voltarão ou não a "delinquir", pois a qualidade de

tornar alguém digno de prêmio ou castigo e o exercício da "futurologia" não são questões focais do campo do conhecimento psicológico, nem função dos psicólogos. (Bandeira; Camuri; Nascimento, 2011, p. 35)

Outro ponto, ainda, é a necessidade de complexificarmos a ideia de que o exame criminológico seria apenas um *direito*, já que não serviria, por exemplo, para regressão do regime. Essa é uma ideia simplista, pois, mesmo que não sirva para impor uma punição, certamente serve para negar um direito. Pior ainda, o exame pode conferir um verniz de cientificidade a decisões que arbitrariamente queiram recusar a progressão a que o/a apenado/a faria jus. A própria exposição de motivos da LEP aponta para esse uso:

> 32. A ausência de tal exame e de outras cautelas tem permitido a transferência de reclusos para o regime de semiliberdade ou de prisão-albergue, bem como a concessão de livramento condicional, sem que eles estivessem para tanto preparados, em flagrante desatenção aos interesses da segurança social.

Em suma, como é cada vez mais consensual no campo de conhecimento psicológico e também entre os/as juristas, concordamos que:

> o exame criminológico serve apenas para: dar aparência de realidade a uma suposta individualização da pena; dar suporte à ficção de que a prisão possa "ressocializar" ou "reinserir";

buscar na história do sujeito as razões para o delito e assim individualizar a responsabilidade e ocultar os processos de produção social da criminalidade; funcionar como uma atividade meramente burocrática, impedindo os profissionais de saúde de atuarem nas áreas das assistências, atendendo às reais necessidades das pessoas presas na perspectiva da vida em liberdade. (Bandeira; Camuri; Nascimento, 2011, p. 34)

— 4.4 —
Para concluir

Novamente, precisamos desnaturalizar a pena de prisão. Ainda que tenha se transformado praticamente em um sinônimo de pena, a privação de liberdade não é uma regra histórica e, se não faz parte das sociedades desde o início, não deverá permanecer até seu fim. Se voltarmos aos discursos do século XIX e início do século XX, veremos um otimismo sobre as prisões. Diferentes profissionais arquitetavam modelos, discutiam rotinas, compartilhavam resultados e pareciam acreditar, de fato, nos ideais civilizadores do cárcere. Hoje, resta só a desilusão.

Ninguém acredita mais nos benefícios do cárcere, em seu potencial ressocializador, mas parece que simplesmente não sabemos o que faremos com ele. Não há solução fácil, mas, certamente, um dos primeiros passos é devolvê-lo à condição excepcional que ele outrora pertenceu.

Capítulo 5

*Espécies de pena:
penas restritivas de direitos
e multa*

Se as penas privativas de liberdade são tão falhas como entendemos que são, a saída é que elas sejam cada mais excepcionais e, assim, sejam substituídas por outras formas de pena sempre que possível. Não há nada de "revolucionário" nessa afirmação, que, aliás, é uma decorrência do sistema de penas brasileiro pós-1984. Com ele, são previstas e ganham aplicabilidade as chamadas *penas restritivas de direitos* ou, como também são conhecidas, as *penas alternativas*.

Conforme o art. 44 do CP, as penas restritivas de direitos "são autônomas e substituem as privativas de liberdade", citação da qual extraímos estas duas importantes características: autonomia e substitutividade. Como já dissemos, um dos pilares em que a reforma penal de 1984 se sustenta é na ideia de **substitutivos penais**. A lógica, portanto, é que, sempre que possível, a pena privativa de liberdade seja substituída pelas chamadas *penas alternativas*. Além disso, essas penas são autônomas. Com isso, entendemos que elas não configuram uma espécie de **complemento** às penas privativas de liberdade, mas aplicam-se autonomamente e operam efeitos por si.

A Constituição Federal, em seu art. 5º, inciso XLVI, prevê no ordenamento brasileiro as seguintes penas: privação ou restrição de liberdade, perda de bens, multa, prestação social alternativa e suspensão ou interdição de direitos. O CP, como já vimos, é mais sintético e prevê penas privativas de liberdade, penas restritivas de direitos e multa (art. 32, CP), mas não há nenhuma incongruência entre os dois dispositivos. Perda de bens e prestação social alternativa, junto com suspensão ou interdição de direitos, podem ser todas colocadas no que o CP denomina *penas restritivas de direitos*.

— 5.1 —
Tipos de penas restritivas de direitos

O CP, em seu art. 43, nos dá a descrição de quais seriam as penas restritivas de direitos. Nada impede, ainda, que sejam previstas outras em legislação especial. Vejamos o que diz o diploma legal:

> Art. 43. As penas restritivas de direitos são:
>
> I – prestação pecuniária;
>
> II – perda de bens e valores;
>
> III – limitação de fim de semana.
>
> IV – prestação de serviço à comunidade ou a entidades públicas;
>
> V – interdição temporária de direitos;
>
> VI – limitação de fim de semana.

Neste capítulo, falaremos sobre cada uma delas, além da pena de multa.

— 5.1.1 —
Prestação pecuniária

Um primeiro alerta sobre a prestação pecuniária é o de não a confundirmos com a pena de multa. São penalidades distintas, que operam de diferentes formas. Sobre a pena de multa, falaremos mais adiante neste mesmo capítulo. A prestação pecuniária, conforme o CP:

> consiste no pagamento em dinheiro à vítima, a seus dependentes ou a entidade pública ou privada com destinação social, de importância fixada pelo juiz, não inferior a 1 (um) salário-mínimo nem superior a 360 (trezentos e sessenta) salários-mínimos. (art. 45, § 1º)

Ademais, se existir uma condenação de reparação civil e os beneficiários forem os mesmos, o valor da condenação penal será deduzido dessa condenação civil. Também não há problemas em trocar o pagamento em dinheiro por prestação de outra natureza se houver concordância das partes.

O objetivo principal da prestação pecuniária é indenizar a vítima ou dependentes. A destinação do pagamento à entidade pública ou privada com destinação social deverá ser subsidiária, quando não houver dano a ser reparado ou quando não houver uma vítima direta a ser indenizada.

Um ponto relevante a respeito dessa modalidade é a instituição do pagamento em salários-mínimos, com valores mínimos e máximos estabelecidos. Há algo de inteligente em definir o uso de salários-mínimos, e não uma quantia fixa, que teria de ser frequentemente reajustada em razão dos índices inflacionários. Pior ainda: as moedas podem mudar de nome (como mudaram repetidamente da década de 1940 até o Plano Real, em 1994), gerando uma enorme dificuldade para se aplicar a sanção. Curiosamente, nosso CP tem algumas falhas de revisão, fazendo com que crimes como estelionato (art. 171) e falsidade ideológica (art. 299) tenham suas penas arbitradas em réis, moeda em desuso desde 1942.

No entanto, autores como Bitencourt (2020, p. 705-706) argumentam que a adoção do salário-mínimo também não é ideal e que o melhor seria o **sistema de dias-multa**, do qual falaremos adiante neste capítulo. De fato, a adoção do salário-mínimo, mas especialmente dos limites estabelecidos pela lei, causa dois problemas. Um primeiro é não punir suficientemente autores/as que tenham condições sociais muito acima da média. Outro, muito mais corriqueiro, é punir desmedidamente os/as mais pobres, quando o valor mínimo de um salário já pode estar muito além das capacidades da pessoa condenada.

— 5.1.2 —
Perda de bens e valores

Essa espécie de pena, diferentemente da prestação pecuniária, sempre se dá em benefício do ente público, mais especificamente em favor do Fundo Penitenciário Nacional. Ela não tem um valor fixo e é limitada na concretude pelo prejuízo causado com o crime ou pelo proveito obtido com ele, prevalecendo o valor que for maior (art. 45, § 3º, CP). Também não precisa ser descontado em dinheiro: "os bens podem ser móveis ou semoventes e imóveis, e como valores são considerados os títulos de crédito, as ações e outros papéis que representem um valor econômico" (Zaffaroni; Pierangeli, 2011, p. 693).

Sobre esse tema, é importante evitarmos a confusão com outro instituto muito antigo e conhecido no meio jurídico: o **confisco**. Essa era uma forma de punição muito comum no passado e que foi gradativamente banida dos ordenamentos contemporâneos. O que persiste no direito brasileiro é a perda "do produto do crime ou de qualquer bem ou valor que constitua proveito auferido pelo agente com a prática do fato criminoso" (art. 91, II, "b", CP), um efeito da condenação, como veremos mais detalhadamente no Capítulo 10. A **perda de bens e valores**, ao contrário, refere-se ao patrimônio legal do condenado.

— 5.1.3 —
Limitação de fim de semana

Essa sanção é uma espécie de privação de liberdade em "doses homeopáticas". Conforme a descrição art. 48 do CP:

> consiste na obrigação de permanecer, aos sábados e domingos, por 5 (cinco) horas diárias, em casa de albergado ou outro estabelecimento adequado.

O dispositivo prevê ainda a possibilidade de que sejam ministrados cursos, palestras ou outras atividades educativas durante esse período. A ideia, certamente, é que esse não fosse um período ocioso – ir até o estabelecimento, ficar cinco horas sem fazer nada e sair.

Apesar de ser uma iniciativa interessante, você deve estar se perguntando o quanto ela se aplica na concretude. Já falamos sobre as Casas de Albergado e sua quase inexistência no país. Sabemos, então, que quase não há estrutura física para o cumprimento dessa penalidade. Além disso, a falta de pessoal capacitado para operacionalizar o cumprimento da pena, ministrando cursos, promovendo atividades etc. é outro grande obstáculo. Por esses motivos, a limitação de fim de semana é, na prática, quase inexistente.

— 5.1.4 —
Prestação de serviço à comunidade

Diferentemente da anterior, essa espécie de pena é bastante utilizada e mais conhecida pela população. É também a mais elogiada (ou menos criticada) por boa parte do público especializado. Trata-se da "atribuição de tarefas gratuitas ao condenado", cumpridas "em entidades assistenciais, hospitais, escolas, orfanatos e outros estabelecimentos congêneres, em programas comunitários ou estatais" (art. 46, §§ 1º e 2º, CP). Essas tarefas serão cumpridas em regra durante uma hora diária, de modo a não prejudicar a jornada de trabalho do/a apenado/a.

Uma preocupação óbvia, à qual aliás já nos remetemos anteriormente, é que o cumprimento de pena não se torne um pretexto para obtenção de mão de obra barata. Para evitar essa possibilidade, a norma limita o cumprimento da prestação em entidades públicas e privadas que não visam ao lucro. A prestação desses serviços deve assemelhar-se ao trabalho voluntário que muitas pessoas em liberdade praticam como um exercício de cidadania. As possíveis atividades exercidas vão justamente nesse sentido: pequenas obras de limpeza, reformas, manutenções etc. em espaços que, em regra, necessitam encarecidamente de tais serviços.

A determinação de que a prestação de serviços deverá durar uma hora diária é flexível. Pode ser prolongada e, como veremos, pode se admitir o cumprimento da pena em prazo menor. Em relação aos dias em que pode ser prestada, a redação original do art. 46, conforme a Lei n. 7.209/1984, continha um parágrafo único que explicava: "aos sábados, domingos e feriados ou em dias úteis, [mas] de modo a não prejudicar a jornada normal de trabalho". Embora essa disposição tenha sido retirada pela Lei n. 9.714, de 25 de dezembro de 1998, não há impeditivos para que seja aplicada dessa maneira.

Em síntese, a prestação de serviço deve reunir três atributos: gratuidade, aceitação pelo/a condenado/a e autêntica utilidade social. Idealmente, "o condenado, ao realizar essa atividade comunitária, sente-se útil ao perceber que está emprestando uma parcela de contribuição e recebe, muitas vezes, o reconhecimento da comunidade pelo trabalho realizado" (Bitencourt, 2020, p. 715).

— 5.1.5 —
Interdição temporária de direitos

Esta forma de privação de direitos comporta algumas subespécies, intimamente ligadas ao delito. Segundo o CP:

> Art. 47 – As penas de interdição temporária de direitos são:
>
> I – proibição do exercício de cargo, função ou atividade pública, bem como de mandato eletivo;
>
> II – proibição do exercício de profissão, atividade ou ofício que dependam de habilitação especial, de licença ou autorização do poder público;

III – suspensão de autorização ou de habilitação para dirigir veículo.

IV – proibição de frequentar determinados lugares.

V – proibição de inscrever-se em concurso, avaliação ou exame públicos.

Se olharmos com atenção, podemos deduzir que essas previsões devem ficar restritas a situações específicas, que guardem relação direta com o delito praticado. Imaginemos, por exemplo, que um médico dê a um paciente um atestado falso (art. 302, CP). Faz algum sentido que esse médico tenha sua carteira de habilitação suspensa? Certamente não. Por outro lado, faz sentido que um crime praticado no exercício de uma profissão possa ser punido com uma pena que atinja esse exercício. É essa a racionalidade da interdição temporária de direitos.

A esse respeito, um primeiro ponto importante é separarmos a pena dos efeitos da condenação e de eventuais sanções de natureza cível ou administrativa. Perda de cargo, função pública ou mandato eletivo e inabilitação para dirigir veículo podem ser pena, mas são previstos como efeitos da condenação, como abordaremos no Capítulo 10. A mesma duplicidade pode envolver a punição penal e de outra natureza. Um médico que pratica crimes no exercício da função pode ser proibido de exercê-la por decisão da justiça penal, mas também por decisão administrativa do seu órgão de classe.

O que se nota é que essas penas podem trazer consequências bastante amargas para quem as recebe, ainda que, como toda pena no ordenamento brasileiro, elas terão validade por um tempo determinado. Não seria razoável, por exemplo, suspender a habilitação de um motorista ou impedir o exercício profissional de alguém indefinidamente. De todo modo, elas dão um bom exemplo da finalidade preventiva das penas no nosso sistema para quem quiser acreditar no poder da prevenção.

Das subespécies da interdição de direitos, as duas últimas são menos usuais: proibição de frequentar determinados lugares e de inscrever-se em concurso, avaliação ou exames públicos.

A proibição de frequentar lugares, embora não declare explicitamente, tem um forte viés moralista. A rigor, essa espécie de pena poderia ser aplicada para impedir que o indivíduo frequentasse lugares "duvidosos", como casas de prostituição ou determinados bares. Não soa estranho que essa regra pareça ter saído de um século atrás[1], embora seja um acréscimo da Lei n. 9.714/1998. Com muita boa vontade, poderíamos pensar em sua validade em cidadezinhas pequenas, em que o/a acusado/a praticou um delito em um estabelecimento específico, único, na cidade, do qual deverá se ausentar por um tempo. Cada vez mais, no entanto, essa norma se esvazia e se torna irrazoável no mundo contemporâneo.

O impedimento de prestar concursos, avaliações ou exames públicos não está vinculado pela legislação a nenhum delito

---

1 A respeito do tema, cf. Weinhardt (2019, p. 49 e seguintes).

específico, mas, de novo, não faria o menor sentido aplicar tal sanção a alguém que atrapalhou um velório (art. 209, CP), por exemplo. Essa sanção faz sentido especificamente no caso de fraude a certames de interesse público (art. 311-A, CP), único delito em nosso Código para o qual esse último dispositivo teria alguma razão de existir.

— 5.2 —

Requisitos para aplicação das penas restritivas de direitos

Já vimos quais são as penas restritivas de direitos, mas ainda não detalhamos quando e como devem ser aplicadas. Se você olhar para a parte especial do CP, verá que existe uma fórmula básica: descrição da conduta + pena aplicável. Verá também que essa pena aplicável nunca será de prestação de serviço à comunidade ou interdição temporária de direitos, por exemplo, e poderá se perguntar quando, então, é que tais penas são aplicadas. Para responder a essa dúvida, precisamos voltar a uma palavra-chave mencionada logo no início do capítulo: *substitutividade*.

De volta ao art. 44 do CP, temos as possibilidades de aplicação de penas restritivas de direitos:

> Art. 44. As penas restritivas de direitos são autônomas e substituem as privativas de liberdade, quando:

I – aplicada pena privativa de liberdade não superior a quatro anos e o crime não for cometido com violência ou grave ameaça à pessoa ou, qualquer que seja a pena aplicada, se o crime for culposo;

II – o réu não for reincidente em crime doloso;

III – a culpabilidade, os antecedentes, a conduta social e a personalidade do condenado, bem como os motivos e as circunstâncias indicarem que essa substituição seja suficiente.

A lógica é a seguinte: na hora de aplicar a pena, o/a magistrado/a definirá qual será a pena de privação de liberdade (regime e duração) e então verá se estão presentes os requisitos para substituí-la por uma pena restritiva de direitos.

O primeiro desses requisitos é que a pena privativa de liberdade não exceda **quatro anos**. Como aparece claramente na legislação, pena fixada, e não aquela prevista em abstrato. Excepcionalmente, seria possível aplicar a substituição também em penas superiores a quatro anos em casos de condenação por crime culposo, embora, na concretude, seja muito difícil que um crime dessa natureza resulte em condenação superior a esse tempo. Como lembra Salo de Carvalho, mesmo um homicídio culposo tem pena máxima de três anos de detenção, quatro para homicídio culposo no trânsito. Por esse motivo, as condenações por crimes culposos superiores a quatro anos ocorrem em concurso de crimes (assunto do nosso Capítulo 7), como no caso de um acidente de trânsito que causasse uma pluralidade de mortes ou lesões corporais (Carvalho, 2020, p. 528).

Além disso, o crime não pode ter sido cometido com **violência** ou **grave ameaça**. Aqui, precisamos aprofundar alguns detalhes. A Lei n. 9.099, de 26 de setembro de 1995 (Lei dos Juizados Especiais), atraiu para si, segundo o art. 60, "a conciliação, o julgamento e a execução das infrações penais de menor potencial ofensivo", o que inclui "as contravenções penais e os crimes que a lei comine pena máxima não superior a 2 (dois anos), cumulada ou não com multa" (art. 61). Nesses casos, a pessoa poderá se beneficiar do instituto da **transação penal**, deixando de responder a uma ação penal mediante uma pena não privativa de liberdade, imediatamente aplicada.

Como a lei não traz nada sobre violência ou grave ameaça, entende-se que é possível aplicar esse instituto mesmo nesses casos. No caso de **lesão corporal** (art. 129, CP: "ofender a integridade corporal ou a saúde de outrem"), por exemplo, a pena aplicável é de detenção por até um ano. Do processo de harmonização entre o CP e a Lei dos Juizados Especiais resulta a possibilidade de aplicar as penas restritivas de direitos mesmo em crimes violentos ou com grave ameaça, desde que a pena privativa de liberdade aplicada não ultrapasse dois anos.

Mas a exceção à regra também tem exceções, como é o caso da **Lei Maria da Penha** (Lei n. 11.340/2006). Seu art. 17 veda a aplicação "de penas de cesta básica ou outras de prestação pecuniária, bem como a substituição da pena que implique o pagamento isolado de multa" nos casos de violência doméstica e familiar contra a mulher. Se a redação legal não ficou clara o suficiente, a Súmula n. 588, de 18 de setembro de 2017, do Supremo Tribunal de Justiça (STJ) declara inequivocamente: "A prática de crime ou contravenção penal contra a mulher com violência ou grave ameaça no ambiente doméstico impossibilita a substituição de pena privativa de liberdade por restritiva de direitos".

Os outros dois requisitos que a lei aponta é a não reincidência em crime doloso e o indicativo de que a substituição seja adequada, considerando "a culpabilidade, os antecedentes, a conduta social e a personalidade do condenado, bem como os motivos e as circunstâncias" (art. 44, III, CP). Como fazem parte da aplicação de todas as demais penas, veremos detalhadamente esse assunto no capítulo seguinte. Apenas um apontamento sobre a reincidência desde já: e se ela não for em crime doloso? Nesse caso, é possível aplicar a substituição:

> desde que, em face de condenação anterior, a medida seja socialmente recomendável e a reincidência não se tenha operado em virtude da prática do mesmo crime. (art. 44, § 3º, CP)

O que *socialmente recomendável* quer dizer, é claro, acaba ficando por conta da subjetividade do julgador.

Na sequência, temos o seguinte quadro: se a condenação for de um ano ou menos, a pena será de multa ou uma pena restritiva de direitos; se for superior a um ano, incidirão pena de multa e uma pena restritiva de direitos ou então duas penas restritivas de direitos (art. 44, § 2º, CP). Quanto à duração das penas restritivas de direitos, temos como regra que elas serão iguais às privativas de liberdade (art. 55, CP). Se a pena privativa de liberdade de dois anos, por exemplo, for substituída por uma interdição temporária de direitos, ela terá a mesma duração, mas é preciso atentar para como se dá essa conversão.

Tanto a **prestação pecuniária** quanto a **perda de bens e valores**, logicamente, não se prolongam no tempo. Nesses casos, a duração cede lugar à quantia; se a determinação é o pagamento de certo montante, uma vez realizado, a pena estará cumprida. Um parênteses importante diz respeito ao não pagamento da prestação pecuniária. Nesses casos, não é possível forçar o pagamento por meio de arresto, e idealmente deveria ser feita a substituição por outra pena restritiva de direitos, embora a jurisprudência do STJ admita que se converta a prestação em pena privativa de liberdade, como aceito por unanimidade no Recurso Especial n. 1.699.665-PR. Para nós, converter inadimplemento em privação de liberdade chama-se *prisão por dívida*.

No caso da **prestação de serviço à comunidade**, há algumas especificidades importantes. A base de conversão adotada é que, a cada uma hora de serviço prestado, cumpre-se um dia de pena. Se, portanto, a pena privativa de liberdade seria de dez meses (300 dias), deverão ser cumpridas 300 horas de serviço distribuídas ao longo desse período. Como exceção, o art. 46, parágrafo 4º do CP permite que penas de um ano ou mais sejam cumpridas na metade do tempo, aumentando-se a quantidade de horas diárias. Por exemplo, uma pena de um ano e dois meses deveria ser cumprida nesse tempo, mas pode ser cumprida em até sete meses se o/a condenado/a tiver condições de cumprir uma carga horária maior e assim desejar.

— 5.3 —
Pena de multa

Como alertamos ao falar da prestação pecuniária, há diferenças significativas entre ela e a pena de multa, da qual falaremos agora. Conforme o *caput* do art. 49 do CP:

> A pena de multa consiste no pagamento ao fundo penitenciário da quantia fixada na sentença e calculada em dias-multa. Será, no mínimo, de 10 (dez) e, no máximo, de 360 (trezentos e sessenta) dias-multa.

Dessa leitura, já depreendemos duas peculiaridades sobre a prestação pecuniária: a destinação e a base de cálculo.

Se, no caso que vimos anteriormente, a destinação do pagamento seria preferencialmente à(s) vítima(s) ou ao(s) dependentes, aqui a destinação é o Fundo Penitenciário Nacional. E se o pagamento era estabelecido em salários-mínimos, no caso da **multa** ele é calculado em **dias-multa**. O sistema de dias-multa é sempre destacado como criação brasileira e, diga-se de passagem, uma excelente criação. Com ele, torna-se possível "a atualização monetária dos valores da sanção", que permite "uma estabilidade mínima em termos de valorização da pena pecuniária" (Carvalho, 2020, p. 536).

Poderíamos pensar que esse problema já se resolve com a adoção de salários-mínimos, mas a escolha por dias-multa se mostra mais eficaz por permitir ajustes mais precisos, considerando, é claro, o delito praticado e também a situação socioeconômica do/a réu/ré. Sua determinação é feita em duas etapas distintas.

Primeiramente, será considerada a quantidade de dias-multa com base nos critérios de fixação da pena. O julgador irá proceder, portanto, da mesma maneira que faria para fixar uma pena privativa de liberdade, considerando o disposto no art. 59 do CP para estabelecer uma quantidade de pena entre 10 e 360 dias-multa.

No segundo momento, fixará o valor de cada dia-multa, que será de no mínimo um trigésimo do salário-mínimo vigente e de no máximo cinco salários-mínimos (art. 49, § 1º, CP). Excepcionalmente, se a pessoa se encontra em uma posição econômica muito elevada, é possível triplicar esse valor (art. 60, CP).

Para tornarmos essas frações mais tangíveis, façamos alguns cálculos, tomando o valor de R$ 1.100,00 como salário-mínimo vigente[12]. Atualmente, o valor mínimo para o dia-multa seria de aproximadamente R$ 36,00, e o máximo, de R$ 5.500,00 ou R$ 16.500,00 (na hipótese do art. 60 do CP). Considerando que a menor quantidade estabelecida será de 10 dias-multa, e a maior,

---

2   Valor do salário-mínimo que entrou em vigência em janeiro de 2021.

de 360 dias, o menor valor que essa pena poderá atingir é de aproximadamente R$ 360,00, e o maior, R$ 1.980.000,00 ou, excepcionalmente, até R$ 5.940.000,00. Com tamanha margem, pretende-se que a pena possa cumprir seus fins da melhor maneira, tratando-se tanto de uma pessoa despossuída quanto de uma multimilionária.

Voltando às diferenças entre a pena de multa e a prestação pecuniária, um terceiro aspecto a ser observado são as consequências do inadimplemento. Como explicamos anteriormente, se a prestação pecuniária não é cumprida, ela poderá ser substituída por outra pena restritiva de direitos (uma prestação de serviços comunitários, por exemplo) ou mesmo convertida em pena privativa de liberdade (possibilidade à qual nos opomos). Já no caso da multa, o inadimplemento faz com que ela se converta em dívida de valor, cobrada conforme as normas relacionadas à dívida ativa da Fazenda Pública (art. 51, CP).

Finalmente, perceba que existem distintas possibilidades para a aplicação da pena de multa. Afirmamos que você não encontrará no CP um tipo penal cuja pena prevista seja prestação de serviços ou limitação de fim de semana, por exemplo. Já no caso da multa, sua previsão está contida em inúmeros tipos penais, podendo ser aplicada autonomamente ("pena: detenção [nunca reclusão] **ou** multa"). Nesses casos, ela já está prevista no tipo penal e elimina a necessidade de outras penas. Uma segunda possibilidade é quando aparece somada a outra pena, seja privativa de liberdade, seja restritiva de direito ("pena:

detenção/reclusão **e** multa"). A terceira possibilidade é denominada *multa substitutiva*, quando ocupa o lugar da restrição de liberdade. São possíveis sempre que a privação de liberdade seja inferior a seis meses (situação em que não se admite a tão comum prestação de serviços à comunidade) como alternativa às penas restritivas de direito em condenações de até um ano e somadas a uma pena restritiva de direito em condenações de até quatro anos.

Importante!

Multa: *como a reclusão é mais grave que a detenção, não há nenhum tipo penal no CP que permita aplicação apenas da pena de multa quando há previsão de reclusão.*

Prestação de serviços: *o art. 46 do CP limitou a prestação de serviços à comunidade às condenações superiores a seis meses, o que reduziu consideravelmente sua aplicabilidade.*

Apesar de sua grande aceitação e aplicabilidade e de ser uma ferramenta importante de redução do encarceramento, é preciso olhar para essa modalidade de maneira cautelosa. Acompanhe as ressalvas de Zaffaroni e Pierangeli (2007) sobre as penas de multa:

> A multa não é uma pena adequada para ser imposta aos setores mais carentes de uma população que se encontra no limite de sua subsistência, e que viria agravar, ainda mais, uma situação

social que, em definitivo, é uma condicionante do delito. [...] Dentre as críticas mais frequentes está o montante da multa, que pode ser ínfimo ou ridículo, para o condenado que reúne capacidade de pagá-la, e resultar gravoso ou confiscatório para outros. Esta crítica se reduz bastante com a adoção do sistema do dia-multa [...], mas devemos ter sempre presente que a multa não pode ser imposta, nem mesmo com esse sistema, quando a pessoa não chega a ganhar mais – quando ganha – do que o suficiente para viver. (Zaffaroni; Pierangeli, 2007, p. 697)

— 5.4 —
Para concluir

Não custa dizer o óbvio: penas alternativas também são pena. São muito melhores que a privação de liberdade, sem dúvidas, mas também causam transtornos, desgastes e estigmatizam a pessoa apenada. No cotidiano forense, tendemos a nos esquecer disso, porém, para boa parcela da população, o simples fato de buscar um/a defensor/a, comparecer perante a Justiça, portar-se na frente de um/a magistrado/a representa algo de "outro mundo". Além de alterar seu cotidiano, como sua rotina de trabalho, o constrangimento de apresentar-se como criminoso/a (e sabemos o quanto réu/ré e criminoso/a são conceitos próximos no imaginário popular) diante da "toda poderosa" Justiça e seus/suas sentinelas é algo que precisa ser levado a sério. O alerta de Mauro Cappelletti e Bryant Garth de que "os juristas precisam, agora, reconhecer que as técnicas processuais servem a funções sociais" (Cappelletti; Garth, 1988, p. 12) é talvez ainda mais válido quando se trata da justiça penal.

Quando o assunto são penas alternativas, essas considerações são importantes para não expandirmos o **controle punitivo estatal**. É nesse sentido que Carvalho (2020) enquadra a Lei n. 9.714/1998, conhecida como *Lei das Penas Alternativas*, entre aquelas que contribuíram para desestruturar as reformas trazidas pelas Leis n. 7.209/1984 e n. 7.210/1984 (LEP). Vejamos o que diz o autor:

> Conforme é possível verificar na literatura especializada, a Lei das Penas Alternativas não provocou a diminuição dos níveis de encarceramento nacional. Os dados demonstram que os fenômenos (encarceramento e substitutivos penais) são autônomos, sendo possível perceber que tanto o número de prisões quanto o de penas alternativas cresceu de forma constante no Brasil desde 1998, ou seja, a expectativa anunciada pelos órgãos oficiais de controle de que a Lei n. 9.714/98 diminuiria o fenômeno da prisionalização não se efetivou. Logicamente que qualquer projeto voltado à substituição da prisão por espécies menos aflitivas de sanção é relevante. A questão colocada, no entanto, diz respeito à efetividade do caráter substitutivo destas espécies de pena. Em realidade, as pesquisas criminológicas demonstram que os substitutivos configuram-se, na maioria das vezes, como aditivos sancionatórios relegitimadores do arquipélago carcerário. (Carvalho, 2020, p. 341)

Capítulo 6

*Cominação e aplicação
das penas*

A aplicação das penas se conecta intimamente com o princípio da individualização das penas: o/a juiz/íza, com base nas penas máxima e mínima definidas pelo preceito secundário na legislação penal, precisa definir qual será a quantidade final da pena a ser aplicada ao/à agente. Além disso, é nesse momento da individualização da pena que se deverá decidir as penas a serem aplicáveis, o regime inicial de cumprimento da pena (se privativa de liberdade) e se é possível substituir a pena privativa de liberdade por outra, além de agravantes, atenuantes e causas de aumento e diminuição de pena.

Assim, se a cominação dos mínimos e máximos **legais** fica a cargo do Legislativo, se a **execução** da pena fica a cargo do Executivo, então **julgar** a atuação do réu naquele delito específico e encontrar qual a pena, sua duração e seu regime inicial duração ficam sob a responsabilidade do **Judiciário**.

Em outras palavras, tratar de aplicação da pena é basicamente responder à seguinte pergunta: como fazer que uma pena corresponda a um crime?

— 6.1 —
Método trifásico

O art. 68 do CP, em sua redação pós-1984, dispõe o seguinte:

> Art. 68 – A pena-base será fixada atendendo-se ao critério do art. 59 deste Código; em seguida serão consideradas

as circunstâncias atenuantes e agravantes; por último, as causas de diminuição e de aumento.

Parágrafo único – No concurso de causas de aumento ou de diminuição previstas na parte especial, pode o juiz limitar-se a um só aumento ou a uma só diminuição, prevalecendo, todavia, a causa que mais aumente ou diminua.

A reforma de 1984 estabeleceu, portanto, que a pena-base deveria ser delimitada, pelo/a juiz/íza conforme as circunstâncias do art. 59 do CP. Essa decisão é muito diversa daquela dada pelo diploma legal em 1940, que, em seus arts. 42 e seguintes, não dispunha como se deveria dar esse cálculo da pena. Mais importante, talvez, é que a redação de 1984 tomou lado em uma polêmica entre dois grandes juristas brasileiros: Nelson Hungria e Roberto Lyra.

Roberto Lyra defendia, diante da indecisão do CP de 1940, que a aplicação das penas se desse em duas fases: na primeira, dedicada a fixar a pena-base, o/a juiz/íza deveria considerar tanto as circunstâncias judiciais (na época, antecedentes, personalidade, intensidade do dolo ou grau da culpa, motivos, circunstâncias e consequências do crime) quanto agravantes e atenuantes. Em seguida, na segunda fase, incidiriam as causas especiais de aumento e de diminuição de penas, momento em que desapareceriam os parâmetros fixados pela legislação (mínimo e máximo da pena, expostos no preceito secundário dos delitos) (Carvalho, 2020).

Ao longo do tempo, porém, acabou prevalecendo, nos tribunais, a técnica de **Nelson Hungria**, que propunha fixar a pena-base fundamentando-se nas circunstâncias judiciais, em seguida nas circunstâncias agravantes e atenuantes e, por fim, nas causas de aumento e diminuição (Carvalho, 2020). Assim, a reforma de 1984 optou pela proposta trifásica, justificando a escolha da seguinte forma, disposta na exposição de motivos da nova parte geral:

> 51. Decorridos quarenta anos da entrada em vigor do Código Penal, remanescem as divergências suscitadas sobre as etapas da aplicação da pena. O Projeto opta claramente pelo critério das três fases, predominante na jurisprudência do Supremo Tribunal Federal. Fixa-se, inicialmente, a pena-base, obedecido o disposto no artigo 59, consideram-se, em seguida, as circunstâncias atenuantes e agravantes, incorporam-se ao cálculo, finalmente, as causas de diminuição e aumento. Tal critério permite o completo conhecimento da operação realizada pelo juiz e a exata determinação dos elementos incorporados à dosimetria. Discriminado, por exemplo, em primeira instância, o *quantum* da majoração decorrente de uma agravante, o recurso poderá ferir com precisão essa parte da sentença, permitindo às instâncias superiores a correção de equívocos hoje sepultados no processo mental do juiz. Alcança-se, pelo critério, a plenitude da garantia constitucional da ampla defesa.

Assim, podemos entender que a opção da reforma visava à possibilidade de ampla defesa, permitindo ao/à agente compreender o raciocínio feito pelo/a magistrado/a e dele recorrer, quando fosse o caso. Ainda que a transparência seja a grande justificativa da exposição de motivos, particularmente gostaríamos de destacar que, mesmo após a reforma, é difícil entender o que o/a julgador entende como incluído nas circunstâncias judiciais, como veremos a seguir.

— 6.1.1 —
Cálculo da pena-base: circunstâncias judiciais

As tradicionalmente chamadas *circunstâncias judiciais* estão expostas no atual ordenamento jurídico brasileiro, no art. 59 do CP, com a seguinte redação:

> Art. 59 – O juiz, atendendo à culpabilidade, aos antecedentes, à conduta social, à personalidade do agente, aos motivos, às circunstâncias e consequências do crime, bem como ao comportamento da vítima, estabelecerá, conforme seja necessário e suficiente para reprovação e prevenção do crime [...].

Culpabilidade, antecedentes, conduta social, personalidade do agente, motivos, circunstâncias, consequências do crime e comportamento da vítima. Essas são as oito **circunstâncias**

judiciais que podem/devem ser consideradas pelo/a julgador/a no momento de calcular a pena-base e compõem o que seria a primeira fase de aplicação das penas. Elas se opõem às chamadas *circunstâncias legais*, que são delimitadas pela legislação.

Já as **circunstâncias legais** estão dispostas nos artigos de 61 a 65, na Parte Geral do CP, e também na Parte Especial, específica para cada delito. Como exemplos do primeiro caso, podemos citar a prática de delito contra criança, maior de 60 anos, enfermo, mulher ou grávida (art. 61, II, "h", CP), que sempre agrava a pena; e ter o agente confessado espontaneamente, perante a autoridade, a autoria do crime (art. 65, III, "d", CP), que sempre atenua a pena. Como exemplo do segundo caso de circunstâncias legais, citaremos, por razões didáticas, duas possibilidades no mesmo delito, o de lesões corporais. Se a lesão corporal for praticada por milícia privada, sob pretexto de prestação de serviço de segurança (art. 129, § 7º, CP), a pena será aumentada em um terço; por outro lado, se a lesão corporal for cometida por motivo de relevante valor social ou moral, o/a juiz/íza pode reduzir a pena de um sexto a um terço.

Conversaremos mais sobre as circunstâncias legais nos pontos seguintes. Esses exemplos são, contudo, importantes aqui porque somente podem ser consideradas, nos termos do art. 59 do CP, as circunstâncias que já não tiverem sido contempladas pela legislação, sob pena de incorrer contra o *ne bis in idem*. Por isso, dizemos que as circunstâncias judiciais têm caráter subsidiário ou residual com relação às circunstâncias legais. Isso se dá em virtude da especialidade dessas normas em relação à generalidade do art. 59.

Nesse primeiro momento de cálculo, tradicionalmente a pena não pode ultrapassar o máximo previsto no preceito secundário do tipo penal, nem ficar abaixo do mínimo. Isso vale também para os delitos qualificados, que, por terem novos valores mínimos e máximos como limites para a pena, devem iniciar a cominação da pena-base a partir de seu mínimo legal.

Se pensarmos, como exemplo, no furto simples, cuja pena é de 1 a 4 anos e multa, o/a juiz/íza não pode definir pena abaixo de 1 ano nem acima de 4 na fixação da pena-base. A esse respeito, e também sobre a segunda fase de aplicação a pena, há a Súmula n. 231, de 15 de outubro de 1999, do Superior Tribunal de Justiça (STJ): "A incidência da circunstância atenuante não pode conduzir à redução da pena abaixo do mínimo legal". A disposição do STJ alcançaria mesmo a aplicação de atenuante abaixo do mínimo como circunstância legal. Discordamos desse posicionamento.

Entendemos que, por respeito ao princípio da legalidade (e não por desrespeito), o/a julgador/a deveria sempre poder diminuir a pena com base nas circunstâncias, mas mais ainda com base em atenuante conforme disposto no art. 65 do CP, por exemplo – afinal, elas **sempre** atenuam a pena, segundo a redação do próprio artigo. Alguns autores têm o mesmo entendimento, como Cezar Roberto Bitencourt (2020), Juarez Cirino dos Santos (2014) e Andrei Schmitt (2001).

Essa incompreensão atesta um ponto levantado por Carvalho (2020) com o qual concordamos:

> Parece haver um certo equívoco conceitual na classificação das circunstâncias do art. 59, caput, do Código Penal, como circunstâncias judiciais. Isto porque a valoração de uma circunstância como positiva ou negativa e a sua posterior quantificação é um trabalho acessório e decorrente daquele momento primeiro e fundamental que é o de conferir significado. Ocorre, porém, diferentemente do que comumente é referido na dogmática penal, que a atribuição de sentido, ou seja, a determinação do conteúdo de cada circunstância, é comum às variáveis da pena-base, da pena provisória e da definitiva. [...] Possível concluir que, em regra, todas as circunstâncias de aplicação da pena são circunstâncias judiciais, pois inexiste uma natureza ou essência normativa ou descritiva dos elementos típicos. Sempre haverá necessidade de atribuição de sentido aos elementos que integram o preceito jurídico-penal, mesmo que em alguns casos os espaços denotativos sejam menores do que em outros. (Carvalho, 2020, p. 367)

Assim, todas as circunstâncias seriam circunstâncias judiciais, independentemente de estarem previstas especificamente no CP ou mesmo em lei específica, o que nos ajuda a compreender as diversas e confusas disposições do código sobre esse assunto. Manteremos aqui, até certo grau, essa diferenciação entre circunstâncias judiciais e circunstâncias legais por acreditarmos ser mais fácil e didático, para um primeiro contato como o proposto neste livro; afinal, com esses termos podemos apontar para você, leitor/a, quais são as circunstâncias que o CP já nos traz, além de exemplificar algumas provisões feitas pela parte especial.

Pois bem, feita essa longuíssima ressalva, voltemos às oito circunstâncias previstas no *caput* do art. 59 do CP: culpabilidade, antecedentes, conduta social, personalidade do agente, motivos, circunstâncias, consequências do crime e comportamento da vítima. Como tratar cada uma dessas circunstâncias? Para responder a essa questão, montaremos um exemplo com o delito de furto.

Vamos partir da pena mínima do delito, um ano, e então acrescentaremos tempo de pena sempre que qualquer uma das oito circunstâncias forem desfavoráveis à/ao ré/u e diminuiremos a pena cada vez que uma delas for favorável. Mas diminuímos e aumentamos em quanto?

Não há uma resposta fixa. O Supremo Tribunal Federal (STF), no Informativo n. 563, de 2009, nos dá algumas pistas. Partindo da ideia de que, na fixação da pena-base, não deveria o/a juiz/íza defini-la além dos parâmetros legais do preceito secundário, a solução encontrada foi dividir o intervalo entre a pena mínima e a pena máxima do delito em análise pelo número de circunstâncias do art. 59 do CP, que, como explicamos anteriormente, são oito. O resultado dessa divisão deve ser aumentado ou diminuído caso a caso. Trabalhando novamente com o furto como exemplo: se a pena mínima desse crime é de um ano e a máxima é de quatro anos, temos um intervalo de três anos entre as duas. Três anos equivalem a 36 meses, que, divididos por 8 (número de circunstâncias dispostas no art. 59), resultam em quatro meses e quinze dias. Portanto, acrescentamos ou diminuímos, para cada uma das oito circunstâncias, quatro meses e quinze dias.

Importante!

Para aprofundar-se sobre essa divisão do intervalo da pena, sugerimos a leitura do Habeas Corpus n. 97.056, de 2 de dezembro de 2010, a que se refere, entre outros, o Informativo n. 563 do STF. Disponível em: <https://stf.jusbrasil.com.br/jurisprudencia/20627837/habeas-corpus-hc-97056-df-stf>. Acesso em: 17 maio 2021.

Há outras soluções que podemos verificar sendo aplicadas por juízes e juízas Brasil afora. Há quem defina seis meses para cada circunstância, um sexto da pena e assim por diante. Mais recentemente, no entanto, a maioria tende a seguir o disposto pelo STF, ainda que a premissa utilizada não goze de unanimidade e, como já dispusemos, nós mesmos não concordamos.

Definido o *quantum* que se deve aumentar ou diminuir com a incidência em cada uma das oito circunstâncias, vale agora nos indagarmos sobre o que se deve entender por cada uma delas (quando isso for possível e não se tratar de um termo vazio que o/a juiz/íza acaba por entender como quiser). Para tanto, quando possível, nos remeteremos à exposição de motivos da nova parte geral do CP, aos significados das palavras e à literatura especializada.

Agora, vamos abordar cada uma das oito circunstâncias expostas no art. 59 do CP.

Culpabilidade

Iniciamos com esta. Ora, de que culpabilidade fala o art. 59? Daquela relacionada à teoria do delito como **ação ou omissão, típica, ilícita, culpável e punível**? Se sim, falamos da culpa que é aferida na tipicidade como dolo ou culpa? Ou falamos de culpabilidade no sentido da etapa específica, devendo entender aqui imputabilidade, potencial consciência da ilicitude e exigibilidade de conduta diversa?

A exposição de motivos nos dá uma dica, mas não uma resposta inequívoca:

> Preferiu o Projeto [quanto à redação de 1940] a expressão "culpabilidade" em lugar de "intensidade do dolo ou grau de culpa", visto que graduável é a censura, cujo índice, maior ou menor, incide na quantidade da pena.

Se graduável é a censura, e não o grau de culpabilidade do agente, como graduá-la? Não seria o próprio conceito de delito uma conduta reprovável? Reprová-la mais não incidiria em *bis in idem*, respondendo, assim, o/a agente duas vezes pelo mesmo fato? O que acontece aqui é um espaço para que o/a julgador/a entenda basicamente o que quiser como indicativo de maior censura na atuação do sujeito, abrindo caminho a arbitrariedades que não podem ter lugar em uma interpretação constitucional do direito penal. Em sentido próximo ao de Carvalho (2020), entendemos que a culpabilidade não poderia ser entendida como uma circunstância *per se*, senão como uma conjunção das demais circunstâncias expressas no art. 59 do CP, havendo, portanto, sete circunstâncias, não oito.

Antecedentes

Os antecedentes não devem – e nem podem – ser confundidos com a vida pregressa, a conduta social e, principalmente, com a reincidência. Também devemos afastar confusões com os conceitos expressos por outros termos, mais relacionados ao dia a dia, como F.A. (Folha de Antecedentes), *capivara*, *oráculo* ou *caminhada*. Todos eles são mais amplos e não devem ser considerados como sinônimos de *antecedentes*.

Também não devemos considerar como antecedentes inquéritos policiais em andamento, ações penais em curso, atos infracionais, sentenças de ordem civil ou administrativa; é necessário o trânsito em julgado de sentença penal condenatória para constar como antecedente. O STJ tem, desde 2010, sumulado (Súmula n. 444, de 13 de maio de 2010) que "é vedada a utilização de inquéritos policiais e ações penais em curso para agravar a pena-base". Uma alteração feita em 2012 no Código de Processo Penal (CPP), segue o mesmo entendimento, conforme disposto no parágrafo único do art. 20:

Parágrafo único. Nos atestados de antecedentes que lhe forem solicitados, a autoridade policial não poderá mencionar quaisquer anotações referentes a instauração de inquérito contra os requerentes.

Se houvesse entendimento em contrário, a violação ao princípio da presunção de inocência seria flagrante.

Ora, falamos muito sobre o que **não** devemos considerar como **antecedentes**, mas não explicamos o que são antecedentes. Essa é uma pergunta mais complexa, como veremos.

Para considerarmos determinado registro formal da justiça criminal como antecedente(s), a data da sentença condenatória transitada em julgado deve ser posterior à ocorrência do delito em análise, afinal, se fosse de data anterior, consistiria na agravante da reincidência. Assim, para valorar os antecedentes, precisamos basear nossa análise na data do fato. Se na data do fato não pudermos verificar documentalmente que o/a réu/ré foi condenado/a por outro delito **com** trânsito em julgado, a condição deve ser valorada positivamente e contar em favor do/a réu/ré. Se, porém, encontrarmos decisão transitada em julgado, precisamos checar a data em que esse trânsito em julgado ocorreu e compará-la com a data do delito: se foi antes e cumpre com todos os requisitos da reincidência, houve **reincidência**; se foi depois do delito, **antecedente**. Apenas havendo condenações tanto anteriores quanto posteriores é que pode o/a réu/ré ser considerado reincidente e com maus antecedentes. Vale lembrar que, se a condenação anterior foi pena de multa, por analogia com o art. 77 do CP, ela não deve contar em prejuízo do réu, seja para reincidência, seja para maus antecedentes (Carvalho, 2020).

Afastamos aqui entendimentos jurisprudenciais que, por vezes, sem qualquer critério, distribuem condenações criminais anteriores entre essas duas categorias simplesmente da forma que mais prejudique o/a réu/ré. Consideramos tal atitude digna de desconsideração e repulsa.

Conduta social

A questão inicial que devemos nos fazer aqui é simples e direta: há espaço para avaliação penal da conduta social de um indivíduo em um sistema que se pretende fundamentado no fato criminoso, e não no/a autor/a? Entendemos que não e que tal sistema poderia, no máximo, ser utilizado apenas em favor do/a réu/ré – e olhe lá!

Não há parâmetros objetivos dados pela legislação para aferir o que poderia ser considerado como uma conduta social boa ou ruim. Poderíamos nos perguntar, por exemplo, se o/a réu/ré tem alguma ocupação fixa, se estuda etc. Contudo, se respondermos "não" a essas perguntas, seria justo assumir que essa pessoa, sob julgamento, não tem acesso à educação e a bons empregos simplesmente porque quis? É claro que não negaremos **agência**, ou seja, capacidade de agir, às pessoas que geralmente são clientes do sistema penal, às pessoas menos favorecidas socialmente por uma série de fatores sociais que se interseccionam. Assumir que isso aumente a reprovabilidade de sua conduta, por outro lado, em um país desigual como o nosso, beira a má intenção.

Propomos justamente o contrário. Quanto mais vulnerável a pessoa, quanto mais difícil e inóspito o meio social em que ela vive, menor sua culpabilidade. Afinal, como esperar de uma pessoa aquilo que nunca lhe foi dado, nem facultado, nem proporcionado? A contrário senso, alguém que teve todos os meios para prosperar e todos os privilégios poderia, dependendo do caso, ser considerada mais culpada – porque pode **escolher** o caminho que seguiria.

Os problemas com a ideia de que a conduta social poderia aumentar ou diminuir a reprovabilidade de alguém, porém, não param por aí. Comumente, a noção de conduta social se vincula diretamente à moralidade, geralmente bastante conservadora, de nossos/as magistrados e magistradas. Sobre isso, vale a citação de Carvalho (2020) sobre o assunto:

> Uma avaliação relativamente cuidadosa dos julgados dos Tribunais permite estabelecer uma clara diferença nos valores (morais) que atestam a boa ou a má conduta entre os gêneros (masculino e feminino). Assim, se normalmente a conduta dos réus (homens) é valorada a partir das suas relações no espaço público, ou seja, de sua inserção na sociedade (relação com a comunidade, dedicação ao trabalho, ausência de vícios, participação em programas de caridade social); os elementos de análise das rés (mulheres) concentram-se na sua doação à vida doméstica (integridade e zelo com a prole, fidelidade ao esposo, dedicação ao lar, proteção da família). A perspectiva sexista nesta forma de abordagem dogmática resta evidente, pois reproduz duas distintas imagens de cidadãos honestos:

o homem honesto, representado pelo bom pai de família sem dívidas na comunidade; a mulher honesta, visualizada na mãe dedicada e na esposa fiel. (Carvalho, 2020, p. 399)

Tratamos aqui, portanto, de uma categoria penal que nos permite legitimar preconceitos e discriminações de ordem moral. Sob esse aspecto, vale lembrar: nossa Constituição repudia qualquer forma de discriminação – inclusive as feitas em nome de um código que é anterior a ela própria.

O último ponto que abordaremos é o seguinte: lembra-se de tudo aquilo que dissemos que não poderia entrar na conta de antecedentes? Atos infracionais, prisão civil, inquéritos policiais etc.? Há membros do Poder Judiciário que os fazem contar aqui, na **conduta social**, não lembrando que a presunção de inocência e o *ne bis in idem* também importam ao se avaliar essa circunstância.

Personalidade do agente

Se não podemos, em direito penal, punir em virtude da conduta pessoal, mas quanto às ações ou omissões de alguém (um direito penal **do fato**), o mesmo vale para a personalidade: não podemos punir pelo que se é. Esse tipo de consideração nos lembra a criminologia positivista, que propunha (com bases científicas relativamente sólidas para a época, mas insustentáveis hoje) que as pessoas eram ou não eram criminosas com base em seus genes (Nogueira, 2016).

A ideia de personalidade é objeto de disputa até entre os saberes "psi", não encontrando consenso sequer nas abordagens psicológicas, conforme afirma, entre outros, Carvalho (2020, p. 407 e seguintes), sobrando à/ao juiz/íza grande discricionariedade para aplicar o que quer que seu senso comum (já que não se trata de capacidade jurídica) considere como negativo. Da mesma maneira que comentamos para a conduta social, a personalidade serve como uma fundamentação jurídica para que preconceitos fundamentem sentenças.

Motivos

A maioria dos motivos que levam aos crimes já integram ou a tipicidade do delito ou constam como circunstância agravante (seja circunstância geral, seja em majorante ou atenuante na parte especial). Pensemos no primeiro caso: crimes sexuais ou crimes contra o patrimônio, por exemplo, já deduzem que os motivos para o delito sejam a chamada *lascívia* ou a ganância. Não é possível praticar um furto ou um estupro sem que os motivos para esses delitos sejam reprováveis, sem que integrem já o que esse delito significa. No segundo caso, motivo torpe ou fútil já integram as alíneas do art. 61, inciso II do CP ou ainda qualificam ou majoram o delito na parte especial (homicídio, por exemplo).

O que sobraria, então, como aplicação dos motivos como circunstância judicial? Pouca coisa.

Circunstâncias (em sentido estrito)

As circunstâncias do delito se conectam com o contexto amplo em que o delito foi praticado, como tempo (**quando**), local (**onde**) e modo de execução do delito (**como**) (Carvalho, 2020). Pensemos no furto, por exemplo. Se praticado em período de repouso noturno (quando), tem maior reprovabilidade, pois está previsto no art. 155, parágrafo 1º, CP, que aumenta a pena em um terço. E se cometido em plena luz do dia? Seria mais reprovável pela audácia do acusado? O mesmo podemos pensar para o local: cometer furto em lugar ermo não poderia ser de maior repreensibilidade? Ou talvez seria maior a desfaçatez do furto em lugar populoso, cheio de transeuntes? Para o **como**, no caso do furto, temos também uma série de previsões específicas na Parte Especial, art. 155, parágrafo 4º, como escalada, destreza, fraude etc.

Esse exemplo pode nos ajudar com duas conclusões. A primeira delas é assumir que a maior parte das circunstâncias já têm previsão específica, seja no art. 61, seja na Parte Especial para cada delito. A segunda conclusão é que, quando isso fica para a decisão do/a julgador/a, basicamente qualquer coisa pode ser considerada uma forma de agravar a reprovabilidade do delito, o que resulta, senão em arbítrio total, em algo próximo disso.

Devemos pensar, então, qual é o uso possível das circunstâncias judiciais em sentido estrito conforme expostas aqui. Elas podem ser úteis para determinar os distintos níveis de autoria e de participação, a forma e a intensidade da violação do dever objetivo de cuidado nos crimes culposos ou comissivos por omissão, entre outras possibilidades (Carvalho, 2020). Essas são questões que devem ficar sob responsabilidade do juiz/íza da causa, já que não é possível assumir que a legislação traga estabelecidos parâmetros para tais critérios.

Consequências do crime

Lembrando-nos do princípio da lesividade, se um delito não lesa um bem jurídico, não podemos categorizar o evento como tal. Assim, para que haja a incorrência de determinado delito nessa categoria, precisamos de algo que vá além do que é exigido pelo próprio tipo penal. Um homicídio que resulte em alguém morto é um homicídio, e esse resultado, por mais reprovável que seja, não pode ser acentuado por isso.

Por outro lado, um homicídio que mate uma mulher que trabalha, cria e sustenta sozinha três filhos e ainda cuida dos pais idosos deve ser agravado pelas consequências que traz para além da morte da vítima. Mesma coisa um furto que subtrai, ainda que em baixa quantia, todo o dinheiro que a vítima tinha para alugar seu quarto ou comprar comida. Especial atenção deve ser dada para os casos de tentativa, que podem resultar em lesões bastante graves ou simplesmente na sobrevivência incólume da vítima.

Comportamento da vítima

O comportamento da vítima é utilizado muitas vezes como um modo de revitimização ou de culpabilização da vítima. Essa é uma situação especialmente delicada em crimes sexuais, que, além de tudo, ainda contam geralmente com um grande despreparo por parte das autoridades para lidar com a questão, reproduzindo preconceitos e colocando a vítima no banco dos réus.

Recentemente, em 2020, a imprensa relatou um caso em que, independentemente da sentença ou das alegações finais estarem ou não corretas, houve desrespeito por parte de operadores jurídicos aos direitos da vítima, parecendo, mais de uma vez, que quem estava no banco dos réus era ela. Outros casos costumam aparecer frequentemente na imprensa e, mais ainda, costumam ficar por baixo dos panos no dia a dia da "justiça" no Brasil.

Curiosamente, foi justamente para isso que essa categoria surgiu: a exposição de motivos da nova parte geral, à qual já nos referimos aqui, dispõe da seguinte forma:

> Fez-se referência expressa ao comportamento da vítima, erigido, muitas vezes, em fator criminógeno, por constituir-se em provação ou estímulo à conduta criminosa, como, entre outras modalidades, o pouco recato da vítima nos crimes contra os costumes.

Crimes contra os costumes era o nome dado aos crimes sexuais antes da Lei n. 12.015, de 7 de agosto de 2009.

Logo, deveríamos entender que, no caso de um estupro, o autor seria menos culpado em virtude da roupa ou do comportamento da vítima? Que a vítima teria instigado o autor por falta de recato? Essa "tese" não se sustenta para fins estatísticos, afinal cerca de 53% das vítimas de estupro são mulheres com **menos de 13 anos**, quase sempre (75,9% das vezes) agredidas por alguém próximo, como padrastos, parentes e outros conhecidos (Bueno; Pereira; Neme, 2019). Essa "tese", porém, se sustenta no senso comum: 42% dos homens entrevistados por Vedovato (alunos de sexta e sétima séries) disseram concordar com a afirmação que *mulheres que se dão ao respeito não são estupradas* e 30% do total de entrevistados concordaram com a ideia de que *a mulher que usa roupas "provocantes" não pode reclamar se for estuprada* (Vedovato, 2015).

A lei, portanto, está vergonhosamente amparada no senso comum, nos preconceitos estruturalmente marcados em nossa sociedade. Vale lembrar que esse dispositivo foi adicionado por uma legislação reformadora proposta por uma ditadura que a reformou **antes que o povo o fizesse**.

Precisamos ressignificar, atualizar e, principalmente, transformar a aplicação dessa disposição sobre o **comportamento da vítima** no art. 59 do CP. Isso já tem sido feito socialmente por iniciativas importantíssimas, como a mundial **Marcha das Vadias**. Falta trazermos isso de forma absoluta para a atuação jurídica, que não pode mais consolidar e legitimar essas disposições e violências institucionais promovidas e propagadas pelo Estado brasileiro.

A criminalização da vítima pode aparecer em outras figuras também e deve ser sempre inadmissível, por exemplo, quando se argumenta que, ao transitar em região violenta da cidade com o celular à mostra, a vítima teria incitado sua subtração; ou que deixar a porta aberta incitaria furto de residências. O senso comum não costuma entender essas práticas como incitadoras dos crimes cometidos contra as vítimas em questão, tendo empatia por elas. Por que será que o mesmo não ocorre com os delitos sexuais?

Para além da questão vinculada à culpabilização da vítima, seu comportamento pode funcionar em favor do/a réu/ré apenas quando a vítima tiver ativamente e diretamente provocado a atitude do agressor, como nos casos de lesões corporais recíprocas, injúrias ou estelionatos recíprocos, entre outros.

— 6.1.2 —
Segunda fase da aplicação da pena: agravantes e atenuantes

Após demarcar a pena-base, conforme disposto no art. 59, *caput*, do CP, passamos à pena intermediária, calculada com base nas agravantes e atenuantes, respectivamente previstas nos arts. 61 e 62 (agravantes) e 65 e 66 (atenuantes). São várias as possibilidades de aplicação de cada uma delas e, para isso, recomendamos que você faça a leitura desses artigos na sua versão pessoal do código, não sendo interessante trazer aqui a transcrição de quatro artigos inteiros do CP. Embora várias críticas possam ser feitas ao regime de agravantes e atenuantes, nosso foco se concentrará em como lidar tecnicamente com elas; deixaremos nossa análise crítica para quando falarmos da reincidência.

Iniciamos afirmando que, caso não haja nem agravantes, nem atenuantes, a pena intermediária se mantém igual à pena-base. Mas, havendo, para cada agravante ou atenuantes presentes no caso a ser analisado, quanto deve ser alterada a pena-base? Não há uma resposta específica na legislação, mas é bastante comum que o percentual de um sexto da pena seja aplicado para cada uma delas, aumentando nas agravantes e diminuindo nas atenuantes. É importante que essa operação seja feita, em geral, nessa ordem, pois, por trabalharmos com porcentagens, frações, deixar as agravantes para o final acabaria prejudicando a/o ré/u pela operação matemática.

Mas por que diminuir em um sexto? Esse é o menor valor previsto pela lei tanto como causa de aumento quanto de diminuição na parte especial e na legislação extravagante (aquela que, embora traga normas de ordem penal, estão fora do CP, como a Lei de Drogas, por exemplo).

As agravantes devem sempre **agravar** a pena? Em regra, sim, exceto se já estiverem previstas como qualificadoras ou causas de aumento de pena (princípio do *ne bis in idem*), se a pena já tiver sido fixada no máximo (situação extremamente rara – como vimos, todos os elementos do art. 59 deveriam estar presentes na conduta do/a réu/ré) ou, por último, se houver uma atenuante preponderante. Conversaremos logo mais sobre o que são as atenuantes e agravantes preponderantes (art. 67, CP).

E as atenuantes? **Atenuam** sempre a pena? Em regra, sim, exceto quando a agravante for preponderante ou quando a pena-base já tiver sido fixada no mínimo legal, posição da qual discordamos, porém, foi já sumulada pelo STJ: "A incidência da circunstância atenuante não pode conduzir à redução da pena abaixo do mínimo legal". Defendemos, em concordância com Zaffaroni e Pierangeli (2011, p. 711 e seguintes), que, mesmo que a circunstância atenuante caracterize figura privilegiada do delito, ela deve ser aplicada tendo em vista que não há qualquer indicação legal do contrário.

O que fazemos quando há concurso entre agravantes e atenuantes? Em regra, o raciocínio empregado é o mesmo de quando realizávamos contas no ensino médio e no fundamental, em que um positivo exclui um negativo e vice-versa, compensando, portanto, uma agravante com uma atenuante. Há uma exceção, porém, à qual já acenamos: as circunstâncias preponderantes, conforme dispostas no art. 67 do CP:

> No concurso de agravantes e atenuantes, a pena deve aproximar-se do limite indicado pelas circunstâncias preponderantes, entendendo-se como tais as que resultam dos motivos determinantes do crime, da personalidade do agente e da reincidência.

A primeira circunstância que deve preponderar é a atenuante da menoridade relativa (agente com menos de 21 anos); trata-se da única circunstância que prepondera inclusive sobre a reincidência! As demais circunstâncias podem ser compensadas entre si, levando em conta os critérios de preponderância já expostos.

Reincidência

A reincidência é uma das formas de agravantes que temos na nossa legislação da Parte Geral. Ela está disposta no artigo 61, inciso I, do CP. Deixamos um espaço especial para a reincidência porque, além de ser considerada uma das agravantes preponderantes, ela também guarda uma série de questões específicas para sua aplicação.

Começamos com a própria previsão legal: além de figurar no art. 61, como já comentamos, ela também encontra previsão nos arts. 63 e 64:

> Art. 63 – Verifica-se a reincidência quando o agente comete novo crime, depois de transitar em julgado a sentença que, no País ou no estrangeiro, o tenha condenado por crime anterior.
>
> Art. 64 – Para efeito de reincidência:
>
> I – não prevalece a condenação anterior, se entre a data do cumprimento ou extinção da pena e a infração posterior tiver decorrido período de tempo superior a 5 (cinco) anos, computado o período de prova da suspensão ou do livramento condicional, se não ocorrer revogação;
>
> II – não se consideram os crimes militares próprios e políticos.

A reincidência pode ser verificada quando, após sentença transitada em julgado, o agente comete novo crime. Não devem prevalecer as condenações que tenham mais de cinco anos na data da nova infração. Vale lembrar que aqui estamos tratando de crimes e, por isso, não podem contar para tanto atos infracionais, internação compulsória e outras formas de conflito com a lei, nem as transações penais.

Há bastante discussão se contravenções deveriam constar para efeitos de reincidência, afinal, o art. 7º da Lei das Contravenções Penais dispõe que:

> Verifica-se a reincidência quando o agente pratica uma contravenção depois de passar em julgado a sentença que o tenha condenado, no Brasil ou no estrangeiro, por qualquer crime, ou, no Brasil, por motivo de contravenção.

Entendemos, porém, que essa lei foi profundamente ressignificada pela Lei n. 9.099/1995, que dispõe sobre os juizados especiais cíveis e criminais. Embora isso não traga disposições específicas sobre a reincidência, traz sobre composições civis, transações penais e outras formas de pena que não devem contar como reincidência. Assim, a possibilidade de aplicação da reincidência nas contravenções é muito difícil de se verificar na prática. Se, no entanto, ela vier a ocorrer, vale o que está disposto no art. 7º, anteriormente transcrito.

Embora tenda a prevalecer nos tribunais que a pena de multa gere efeitos de reincidência, o art. 77 do CP, que dispõe sobre os requisitos para suspensão condicional da pena, traz, em seu parágrafo 1º, que a anterior condenação por pena de multa não impede a concessão do benefício. Ora, se a condenação à multa não interfere sequer na concessão desse benefício, não deveria também ser computada para fins de reincidência!

A reincidência não se verifica, por disposição expressa da legislação, nos crimes militares e nos crimes políticos. Isso ocorre por uma questão contextual: ao fim da ditadura militar, já com a Lei de Anistia, de 28 de agosto de 1979, embora ela não dispusesse especificamente sobre isso, já se objetivava "deixar para trás" os delitos cometidos tanto pela luta armada contra o governo ilegítimo quanto pelo regime que se instaurou pós-1964. Por fim, não se verifica a reincidência em casos nos quais se extingue a punibilidade, como a anistia, a *abolitio criminis* e figuras similares, a exemplo do perdão judicial.

O que ocorre com a reincidência é que ela afasta uma das próprias fundamentações da reforma penal de 1984 e da própria imposição de pena como um todo no sistema brasileiro: a ressocialização. Embora não esteja expressa na Parte Geral do CP, esse princípio aparece em sua meia-irmã: a LEP, Lei n. 7.210/1984, cujo objetivo principal, segundo sua própria redação, é "efetivar as disposições de sentença ou decisão criminal e proporcionar condições para a harmônica integração social do condenado e do internado".

A reincidência, além de tudo, pune duas vezes por uma mesma conduta, visando muito mais o/a autor/a do delito do que o fato cometido. Uma falta será também penalizada no crime subsequente, o que acreditamos ser uma disposição em desacordo com o princípio do *ne bis in idem*. Ela também se mostra, muitas vezes, uma forma de discriminação contra o/a egresso/a, o que é vetado pela nossa Constituição.

— 6.1.3 —
Terceira fase da aplicação da pena: majorantes e minorantes

A parte especial do CP apresenta uma série de dispositivos específicos que aumentam ou diminuem a pena do delito em porcentagens que variam de um sexto até o dobro ou mesmo o triplo – ou, no caso de diminuição, até a não aplicação da pena ou a sua substituição por uma pena de multa.

Essa fração disposta na lei deve ser aplicada após a pena intermediária. Comumente, considera-se que nessa fase o tempo de pena delimitado pode ultrapassar os limites dispostos pelo tipo simples ou qualificado.

Como exemplo desse tipo de disposição, escolhemos o estelionato, que, se praticado contra pessoa idosa, deve ter a pena aplicada em dobro.

— 6.2 —
Para concluir

As chamadas *circunstâncias*, sejam elas legais, sejam judiciais, servem a um propósito claro na individualização das penas e adequada reprovabilidade das condutas em um sistema que acredita que isso sirva para evitar o cometimento de delitos.

A forma como elas estão dispostas no sistema penal brasileiro, porém, servem à legitimação de discriminações, preconceitos e a uma atuação da moralidade como valoração de ordem penal. Tais questões colocam em maus lençóis aqueles/as que queiram defender a constitucionalidade de um sistema que talvez se negue a **recepcionar** a Constituição (quando o que deveria acontecer seria justamente o contrário) e se mantém com as redações e a mentalidade de concepções autoritárias que parecem ser as únicas que de fato reformam, reformulam e elaboram nosso sistema repressivo desde pelo menos 1890.

Além disso, tais disposições, sob vários aspectos, deixam bastante frágeis conquistas do direito penal ocidental que o Brasil diz aderir, como os princípios penais que desde o Iluminismo (com algumas interrupções, é verdade) orientam a aplicação das penas.

O sistema trifásico, então, sob vários aspectos, serve melhor àquilo a que não se propõe do que àquilo que esperaríamos dele em um sistema que se quer democrático.

Capítulo 7

Concurso de crimes

Ninguém precisa ter estudado direito penal para saber que uma pessoa pode cometer um crime uma vez, mas também pode praticar aquele mesmo delito repetidamente ou praticar vários crimes distintos. Aliás, é muito comum no imaginário coletivo a ideia de que quem comete um crime normalmente comete vários – o que não é bem verdade, mas essa é outra história... Se perguntássemos às pessoas leigas na rua se, nesses casos, a punição é diferente de quando a pessoa praticou um delito somente, muitas provavelmente responderiam que sim ou que, se não for assim, deveria ser dessa forma. As consequências jurídicas do **concurso de crimes** – quando o/a agente pratica dois ou mais delitos por meio de uma ou mais ações – é o que veremos neste capítulo.

O tema do concurso de crimes é tratado basicamente em três artigos no CP: 69, 70 e 71, nos quais temos as três espécies existentes no direito brasileiro. Antes de vermos cada uma delas, um lembrete importante: o conceito de *crime*, nesse caso, é bastante aberto. É possível concurso entre crimes de qualquer espécie, como explica Bitencourt (2020, p. 880): "comissivos ou omissivos, dolosos ou culposos, consumados ou tentados, simples ou qualificados e ainda entre crimes e contravenções".

No ordenamento brasileiro, encontramos duas possibilidades de aplicação da pena diante do concurso de crimes: o **cúmulo material** e a **exasperação**. Na primeira delas, temos a simples soma das penas cabidas a cada um dos delitos praticados; na segunda, a aplicação da pena mais grave acrescida de uma fração de pena.

— 7.1 —
Concurso material

A primeira espécie de concurso aparece no art. 69 do CP com a seguinte descrição:

> Art. 69. Quando o agente, mediante mais de uma ação ou omissão, pratica dois ou mais crimes, idênticos ou não, aplicam-se cumulativamente as penas privativas de liberdade em que haja incorrido. No caso de aplicação cumulativa de penas de reclusão e de detenção, executa-se primeiro aquela.

Explorando a descrição fornecida pelo CP, atentemos para o fato de que, no concurso material, há pluralidade de condutas **e** pluralidade de resultados. É preciso que duas ou mais ações resultem em dois ou mais delitos, que podem ser idênticos ou não. No caso de crimes idênticos, como veremos, é preciso separar o **concurso material** do **crime continuado**, o que ficará mais claro quando tratarmos deste último.

Se for constatado o concurso material, o sistema de aplicação de pena será o **cúmulo material**, efetuando-se a soma das penalidades impostas para cada delito. Esse sistema acaba sendo problemático, pois pode levar a penas extremamente longas (que, muitas vezes, irão ultrapassar o limite das penas), o que – bem sabemos – não contribui em nada para a recuperação do/a apenado/a.

O CP ainda esclarece que, quando estiver em execução uma pena privativa de liberdade por um dos crimes, não será possível a substituição da pena de que tratamos no art. 44. Além disso, se for possível aplicar duas penas restritivas de direitos, elas deverão ser cumpridas ao mesmo tempo se compatíveis ou uma após a outra no caso contrário. Outra determinação interessante diz respeito às penas de multa, que, embora o CP não use essa expressão, resultam sempre em um cúmulo material. É o que se depreende do art. 72 do CP: "No concurso de crimes, as penas de multa são aplicadas distinta e integralmente".

— 7.2 —

Concurso formal

O concurso formal difere-se da espécie anterior no sentido de que agora temos uma ação somente, mas que gera resultados diversos, sejam eles idênticos ou não. Além disso, difere no sistema de penas utilizado – e justamente nesse ponto é que precisamos ter mais cuidado, pois haverá uma hipótese de **cúmulo material** e outra de **exasperação**.

Como regra, será aplicada "a mais grave das penas cabíveis ou, se iguais, somente uma delas, mas aumentada, em qualquer caso, de um sexto até metade" (art. 70, CP), ou seja, exasperação. No entanto, será aplicado o cúmulo material "se a ação ou omissão é dolosa e os crimes concorrentes resultam de desígnios autônomos" (art. 70, CP). Em síntese: se com uma ação o agente atingiu dois ou mais resultados culposamente ou, desejando atingir apenas um deles, será aplicada a exasperação; se, por outro lado, quis cada um dos resultados que obteve (se queria, como diz o ditado, "matar dois coelhos com uma cajadada"), as penas serão somadas.

Uma ressalva importante diz respeito ao parágrafo único do art. 70 do CP. A exasperação existe justamente para ser um sistema menos gravoso do que o simples cúmulo da pena; por esse motivo, seria um contrassenso se, ao ser aplicada, ela resultasse em uma pena maior do que a soma das penalidades. Na prática, isso seria plenamente possível se imaginarmos que, entre os delitos em questão, houvesse um cuja pena aplicável fosse muito alta e outro cuja pena fosse bastante reduzida. Por esse motivo, o CP determina que a pena exasperada não pode exceder o cúmulo material.

Na sequência, o CP estabelece dois cenários em que serão aplicadas as regras do **concurso formal**: o erro na execução (art. 73, CP) e o resultado diverso do pretendido (art. 74, CP).

O **erro na execução** (também conhecido como *aberratio ictus*) remete a uma norma da teoria do delito: o erro sobre a pessoa. Para podermos falar em *concurso de crimes*, será necessário que duas ou mais vítimas sejam atingidas. O que a legislação faz é esclarecer que, na hipótese específica do art. 73, será considerado o concurso formal. E que hipótese é essa? Aquela em que, planejando agir contra determinado alguém, a pessoa acaba atingindo um terceiro contra quem não planejava mal algum, além da vítima "planejada". Um exemplo é o caso em que alguém dirige pela cidade, avista na calçada um inimigo mortal e decide atropelá-lo, mas acaba atingindo outro pedestre junto. De acordo com o CP, nesse caso estaremos diante de concurso formal: uma só ação e dois resultados.

Regra semelhante advém do artigo seguinte, que trata do **resultado diverso do pretendido** (chamado também de *aberratio criminis*). A diferença entre os dois crimes é relativamente simples: se, no caso anterior, a pessoa praticou o delito planejado ao custo de atingir uma vítima não planejada, agora, na tentativa de praticar determinado delito, ela também comete outro que não desejava. Seria, por exemplo, o caso de alguém que tenta danificar um bem de outrem (crime de dano, art. 163, CP), mas com sua ação acaba também ferindo uma pessoa (lesão corporal, art. 129, CP). Novamente, trata-se de concurso formal.

— 7.3 —
Crime continuado

Por fim, temos a hipótese do crime continuado, que, assim como no concurso material, requer mais de uma ação ou omissão que resulte em dois ou mais crimes. No crime continuado, porém, os delitos resultantes serão sempre da mesma espécie. Além disso, é necessário que as "condições de tempo, lugar, maneira de execução e outras semelhantes" (art. 71, CP) apontem um padrão delitivo, de modo que todos os delitos subsequentes possam ser considerados uma "continuação" do primeiro. Nesses casos, o sistema utilizado será a **exasperação**.

Podemos pensar, por exemplo, na hipótese de um indivíduo que se especializou no furto de antiguidades, frequentando museus, antiquários, sebos etc. e, tendo desenvolvido certo método, furta objetos valiosos regularmente, procedendo sempre de maneira semelhante. Nesse caso, estamos diante de um crime continuado. Perceba que, se ele pudesse, furtaria um museu todo de uma vez – não o faz por conta das dificuldades que uma ação mais "arrojada" imporia. Por isso, é como se estivesse praticando um grande furto dividido em inúmeras "prestações".

É diferente o caso de um ladrão bem menos metódico, que ora furta carteiras no ônibus, ora bebidas em um supermercado, eletrônicos em uma loja e, finalmente, um carro. Embora estejamos diante de um mesmo delito, não está presente a "coerência" que caracteriza o crime continuado.

Sobre os aspectos gerais do crime continuado, um ponto controverso que precisamos destacar é o que se entende por **crimes da mesma espécie**, como determina a lei. Parte da doutrina e da jurisprudência consideram que se exige o mesmo tipo penal, e outra parte também significativa defende que é possível considerar como mesma espécie dispositivos que "protegem o mesmo bem jurídico, embora previstos em tipos diferentes" (Nucci, 2013, p. 496). A melhor resposta a esse aparente dilema talvez seja olhar atentamente para todas as características dos delitos em concreto. Na prática, determinados casos podem constituir um padrão tão nítido que seria uma insensatez não reconhecer o crime continuado; em outros, o olhar para o todo levaria à impossibilidade de fazer o mesmo. Já se a dúvida persistir, tendemos sempre a dar a resposta que melhor favoreça o réu. É um princípio básico, certo?

Quando temos nuances relacionadas a um mesmo tipo penal, não pairam dúvidas — um crime simples e outro qualificado do mesmo tipo penal, por exemplo. Justamente por isso faz sentido a disposição do CP, ao lembrar que as penas resultantes de cada crime poderão ser iguais, mas também distintas. De volta ao exemplo do ladrão de antiguidades, imaginemos que: a) em um momento, ele consiga furtar um objeto desejado valendo-se da distração dos seguranças e da ausência de câmeras no museu (furto simples); b) em outro, mais ousado, ele ficou escondido até o fechamento do museu, furtou alguns itens durante a noite e saiu na manhã seguinte (aumento de um terço da pena, art. 155, § 1º, CP); c) em outro, contou com a ajuda de um cúmplice (furto qualificado, art. 155, § 4º, IV, CP). Estamos diante de crime continuado, mas a pena arbitrada para cada um dos eventos será diferente, sendo tomada como base a maior delas.

Outra dúvida que a legislação gera diz respeito ao limite das condições de tempo, pois não diz qual é o intervalo máximo que será admitido entre um delito e outro para que ainda tenhamos um crime continuado. Já há alguns anos foi se consolidando o entendimento de que esse intervalo pode ser de até 30 dias; passado esse tempo, aplica-se o concurso material e, portanto, faz-se o cúmulo material das penas. Na ausência de uma determinação oriunda da própria lei, no entanto, é possível entender que esse limite pode servir como um parâmetro, mas não é taxativo. Entendemos que em alguns casos é possível flexibilizá-lo: quando extrapolar esse tempo em uns poucos dias ou uma quantidade um pouco maior, ou quando verificar que a prática exigia um tempo de planejamento maior, por exemplo.

Um último ponto relevante acerca do crime continuado diz respeito aos "crimes dolosos, contra vítimas diferentes, cometidos com violência ou grave ameaça à pessoa" (art. 71, parágrafo único, CP). Talvez você esteja se perguntando se a legislação não é muito benevolente ao prever essa espécie de concurso de crime, pois poderíamos estar falando de condutas verdadeiramente horrendas, para as quais nosso senso de justiça costuma exigir respostas severas. Quando for esse o caso, o parágrafo continua:

> poderá o juiz, considerando a culpabilidade, os antecedentes, a conduta social e a personalidade do agente, bem como os motivos e as circunstâncias, aumentar a pena de um só dos crimes, se idênticas, ou a mais grave, se diversas, até o triplo.

Veremos, porém, que o tempo da pena, em quaisquer dos casos de que estamos tratando, tem um limite.

— 7.4 —
Limite das penas

A Constituição Federal, como já vimos, proíbe veementemente as penas de caráter perpétuo (art. 5º, XLVII, "b", CF). Por esse motivo, seria inadmissível que o sistema penal brasileiro não estabelecesse uma duração máxima que a condenação pode ter. E é justamente isso que o CP faz em seu art. 75. O limite das penas não tem necessariamente a ver com o tema do nosso capítulo, mas faz sentido tratarmos dele aqui, pois aparece logo em seguida ao concurso de crimes no CP e também porque é somente no concurso de crimes que a necessidade de estabelecer um limite se faz presente.

Importante!

> Antes da Lei n. 13.964, de 24 de dezembro de 2019, seria possível que um delito de homicídio qualificado (incluindo o feminicídio), latrocínio (art. 157, § 3º, II, CP), estupro ou estupro de vulnerável seguidos de morte (art. 213, § 2º e 217-A, § 4º, respectivamente) atingissem a pena máxima, que era de 30 anos, embora, como vimos, uma dosimetria adequada da pena dificilmente resulta na aplicação do seu máximo. Na atualidade, o limite de pena no Brasil chegou a 40 anos, e a maior condenação possível segue sendo de 30 anos, fazendo com que só se atinja o limite com uma condenação na qual haja concurso de crimes.

Temos, então, o seguinte quadro:

Art. 75. O tempo de cumprimento das penas privativas de liberdade não pode ser superior a 40 (quarenta) anos.

§ 1º Quando o agente for condenado a penas privativas de liberdade cuja soma seja superior a 40 (quarenta) anos, devem elas ser unificadas para atender ao limite máximo deste artigo.

§ 2º Sobrevindo condenação por fato posterior ao início do cumprimento da pena, far-se-á nova unificação, desprezando-se, para esse fim, o período de pena já cumprido.

Como regra, portanto, não importa o resultado da soma de penas atribuída a alguém, ela deverá respeitar o limite estabelecido. Tenhamos atenção, contudo, ao olhar para o parágrafo 2º do artigo anteriormente citado. Na hipótese remota de uma pessoa cumprir 40 anos de privação de liberdade e ainda sair do cárcere em condições de seguir praticando crimes, não haveria impedimento para uma nova condenação. Mesmo esse caso não concederia "imunidade" para, dali em diante, a pessoa praticar quantos delitos quisesse. A superveniência de uma nova condenação durante o cumprimento de pena, por sua vez, não levaria em conta a quantidade de pena já cumprida, somente aquela restante.

É recente a alteração do limite das penas no Brasil, que, com a Lei n. 13.964/2019 (Pacote Anticrime), passou de 30 para 40 anos. Para muitos autores, um acréscimo desmedido, pois, não raro, pode constituir uma forma disfarçada de pena perpétua, violando a regra constitucional. Outros, como Nucci (2020b, p. 1), elogiam a alteração, para quem o tempo foi adaptado à realidade atual.

Não é preciso tanto esforço para compreender que uma **pena perpétua** não precisa vir com esse nome para ser assim considerada e que não se pode medir a expectativa de vida dos alvos preferenciais do direito penal pela expectativa geral.

Em 2018, uma reportagem da *Deutsche Welle Brasil* viralizou ao explorar um dado levantado pela organização Rede Nossa São Paulo e exposto no documento *Mapa da desigualdade 2018*, que mostrava que a expectativa de vida das áreas mais pobres de São Paulo podia ser até 23 anos menor do que nas áreas mais ricas (Boechat, 2018). No mapa de 2020, temos que a maior expectativa de vida em São Paulo passa dos 80 anos; nos bairros em que é menor, chega a 58 anos (RNSP, 2020). Em um cenário assim, como defender que condenar alguém oriundo dessas áreas a 40 anos de cárcere, onde também estaria sujeito a definhar rapidamente (Santos, 2018, p. 21 e seguintes), não seria uma pena perpétua?

— 7.5 —
Para concluir

No ordenamento jurídico brasileiro, quando nos deparamos com uma pluralidade de delitos praticados por uma mesma pessoa em um mesmo contexto (o que pode, como vimos, ser interpretado de forma mais ou menos abrangente), tratamos deles conjuntamente. Fazemos isso pelo instituto do concurso de crimes, que se divide em concurso material, concurso formal e crime continuado. Mesmo com três espécies, há dois modos de calcular a pena: cumulação e exasperação.

Não é raro cruzarmos com o concurso de crimes no cotidiano da atividade jurídica. Por vezes, fica bastante clara a diferença entre as espécies de crimes; em outras, porém, a linha que separa o concurso material do formal, do formal impróprio e do crime continuado fica bastante esfumaçada, nebulosa. Nossa sugestão é sempre checar como os tribunais têm decidido sobre esse ou aquele delito (não para concordar, necessariamente, mas para conhecer o campo de batalha). Na dúvida, o ideal seria seguir o parágrafo único do art. 70 do CP, que recomenda adotar o cálculo que melhor beneficie o/a réu/ré.

Capítulo 8

Suspensão condicional da pena e livramento condicional

A expansão da pena de prisão como resposta a todos os males sociais trouxe em si, dialeticamente, seu questionamento e a conclusão de que esse instrumento traria consequências sociais desfavoráveis. Como vimos, surgem alternativas que questionam esse sistema hegemônico, sendo uma das primeiras a ideia de uma suspensão da pena e/ou da condenação caso o/a acusado/a se comprometesse a uma série de requisitos (Zaffaroni; Pierangeli, 2011).

Neste capítulo, nosso alvo será responder de forma direta às seguintes perguntas: quais são os requisitos para concessão da suspensão condicional da pena e do livramento condicional? E quais são os elementos necessários para sua revogação? Esses são pontos que acreditamos que, se endereçados de forma direta e objetiva, podem colaborar com um bom entendimento e uma boa aplicação desses institutos.

As críticas que fizemos em outros pontos também cabem aqui: não pensamos que a pena de prisão realmente traga consequências positivas – e afastá-las por meio de mecanismos jurídicos como os que aqui expomos tem duas consequências principais: ao mesmo tempo que livram o/a condenado/a de uma aplicação de dor geralmente sem sentido nem função, legitimam o sistema que aplica essas penas como se ele fosse proporcional e comedido. Entretanto, saber navegar por esses institutos é preciso – sobretudo quando mesmo essas pequenas concessões de razoabilidade do sistema penal se encontram em xeque: não raro encontramos, no senso comum, quem critique

"que o preso é solto cedo demais", que cumpre "só um terço da pena", que depois sai com bom comportamento "para cometer ainda mais crimes" etc.

— 8.1 —

Suspensão condicional da pena (*sursis*)

O sistema brasileiro, ao absorver e ressignificar as proposições que repensavam a aplicação irrestrita da pena de prisão, optou por suspender a pena, mas manter a condenação, o que, novamente, aponta para uma estrutura penal que valoriza a periculosidade do indivíduo e o que ele é em vez daquilo que tenha porventura feito. No entanto, é o sistema que temos e, para modificá-lo ou repensá-lo, precisamos entendê-lo.

A suspensão condicional do processo, também chamada de *sursis*, porque largamente baseada em tradição francófona, conforme disposta no nosso CP, pós-reforma de 1984, tem previsão legal nos arts. 77 a 82 do citado diploma legal. A ideia é que a execução de uma pena privativa de liberdade arbitrada em menos de dois anos possa ser suspensa desde que não se verifique, no caso, reincidência em crime doloso (exceto se a condenação anterior for por pena de multa) ou a substituição da pena privativa de liberdade por uma pena restritiva de direitos. Para deixar claro que essa é uma questão sobre **o/a autor/a** do delito, a concessão do benefício deve ser autorizada pela culpabilidade, pelos antecedentes, pela conduta social e pela personalidade do agente. Caso o/a condenado/a seja maior de 70 anos ou tenha complicações de saúde, o benefício pode ser concedido mesmo que a pena ultrapasse dois anos, desde que não seja maior que quatro.

Para que o benefício seja mantido, o condenado precisa se submeter, entre outras condições (cf. art. 79), às disposições do art. 78, conforme transcrevemos a seguir:

> Art. 78. Durante o prazo da suspensão, o condenado ficará sujeito à observação e ao cumprimento das condições estabelecidas pelo juiz.
>
> § 1º No primeiro ano do prazo, deverá o condenado prestar serviços à comunidade (art. 46) ou submeter-se à limitação de fim de semana (art. 48).
>
> § 2º Se o condenado houver reparado o dano, salvo impossibilidade de fazê-lo, e se as circunstâncias do art. 59 deste Código lhe forem inteiramente favoráveis, o juiz poderá substituir a exigência do parágrafo anterior pelas seguintes condições, aplicadas cumulativamente:
>
> a) proibição de frequentar determinados lugares;
>
> b) proibição de ausentar-se da comarca onde reside, sem autorização do juiz;
>
> c) comparecimento pessoal e obrigatório a juízo, mensalmente, para informar e justificar suas atividades.

O benefício deve ser revogado se o/a condenado/a, no curso do prazo, descumprir qualquer das condições transcritas; se a condenação se der por sentença transitada em julgado por crime doloso ou se não pagar, sem motivo justificado, a multa ou reparar o dano (art. 81). O benefício pode ser suspenso se

> o condenado descumpre qualquer outra condição imposta ou é irrecorrivelmente condenado, por crime culposo ou por contravenção, a pena privativa de liberdade ou restritiva de direitos. (art. 81, § 1º, CP)

Nesse caso, se o/a juiz/íza optar por não revogar os benefícios, pode estender o período de prova até o máximo legal. Se, em vez do trânsito em julgado, o/a condenado/a passar a ser alvo de novo processo-crime, o período de prova deve ser prorrogado até o julgamento definitivo da ação em curso. Por fim, conforme o disposto no art. 82, "expirado o prazo sem que tenha havido revogação, considera-se extinta a pena privativa de liberdade".

São poucas as situações em que a suspensão condicional da pena será aplicada. E deve ser assim. Afinal, ela mantém a condenação para efeitos de reincidência, já que não exclui a condenação, e temos outras possibilidades de composição civil, transação penal, substituição de pena e mesmo de justiça restaurativa que podem ser aplicadas à maioria dos delitos cuja sentença final seja de cumprimento de pena privativa de liberdade inferior a dois anos. Elas trazem melhores resultados à administração da justiça, administram menos dor ao/à réu/ré e ainda servem melhor aos propósitos de um direito penal que se queira democrático e que se compreenda como *ultima ratio*.

— 8.2 —
Livramento condicional

Se a suspensão condicional da pena pode ser aplicada para crimes com penas de até dois anos, temos uma figura parecida para crimes condenados com penas iguais ou superiores a essa: o livramento condicional. Diferentemente da suspensão condicional da pena, nesse segundo caso o/a condenado/a chega a cumprir a pena privativa de liberdade por certo tempo antes de ser concedido o benefício. A liberdade condicional é um direito do/a condenado/a de ser posto/a em liberdade desde que cumpra uma série de requisitos e pode, como a suspensão condicional da pena, ser revogada pelo/a juiz/íza caso eles não sejam seguidos.

Os requisitos para concessão do livramento condicional estão expostos nos incisos e alíneas do art. 83 do CP, cuja redação foi ligeiramente alterada pelo pacote chamado de *anticrime*, conforme podemos ver a seguir:

> Art. 83. O juiz poderá conceder livramento condicional ao condenado a pena privativa de liberdade igual ou superior a 2 (dois) anos, desde que:

I – **cumprida mais de um terço da pena** se o condenado **não for reincidente em crime doloso e tiver bons antecedentes**;

II – cumprida **mais da metade** se o condenado for **reincidente em crime doloso**;

III – comprovado:

a) **bom comportamento** durante a execução da pena;

b) não cometimento de falta grave nos últimos 12 (doze) meses;

c) bom desempenho no **trabalho** que lhe foi atribuído; e

d) **aptidão para prover a própria subsistência** mediante trabalho honesto;

IV – tenha **reparado**, salvo efetiva impossibilidade de fazê-lo, **o dano** causado pela infração;

V – cumpridos mais de dois terços da pena, nos casos de condenação por crime hediondo, prática de tortura, tráfico ilícito de entorpecentes e drogas afins, tráfico de pessoas e terrorismo, se o apenado não for reincidente específico em crimes dessa natureza.

Parágrafo único – Para o condenado por crime doloso, cometido com **violência ou grave ameaça à pessoa**, a concessão do livramento ficará também subordinada à constatação de **condições pessoais** que façam presumir que o liberado não voltará a delinquir. (grifo nosso)

Como os requisitos exigidos pela lei para a **comprovação de comportamento satisfatório**, na reincidência ou nos **antecedentes**, podem, de alguma forma, agir para diminuir os crimes no Brasil? Estudos sérios tendem a apontar o contrário, sugerindo uma relação bastante próxima entre encarceramento em massa e aumento no número de delitos (entre outros, citamos Freitas Jr, 2017; Silvestre; Melo, 2017; Manso; Dias, 2018). Como, então, dificultar a liberação de pessoas que já pagaram certa quantidade de sua pena pode atuar na prevenção de delitos?

Além disso, em um sistema prisional lotado como o nosso, poderíamos assumir que os/as presos/as em sua maioria realmente trabalhem se o Estado não dá as condições para isso? E se o próprio Estado também não fornece às pessoas em situação de cárcere a possibilidade de estudo e trabalho, como deve o/a condenado/a comprovar a aptidão para prover a própria subsistência? E como o/a preso/a constituirá prova disso?

Feita nossa crítica e elencados já pelo artigo transcrito quais são os requisitos para concessão do livramento condicional, vamos agora às possibilidades de revogação desse instituto.

A sentença que concede o livramento condicional deve trazer especificadas quais são as condições a que o benefício fica subordinado (art. 85, CP) e, se o/a condenado/a não cumprir qualquer um desses requisitos, pode o/a julgador/a revogar o livramento condicional. Fica a ele/a facultada a revogação também no caso de nova condenação sem pena privativa de liberdade por crime ou contravenção penal.

Fica obrigado/a o/a juiz/íza a revogar o livramento se o/a condenado/a for condenado em sentença irrecorrível por crime cometido durante a vigência do benefício ou se uma nova condenação, ainda que por crime anterior, se somar às penas da infração afastada pelo livramento condicional (art. 86, CP).

— 8.3 —
Para concluir

Nos idos dos anos 1970, mesmo o reformador penal de 1984 (que, lembramos, estava saindo de um período ditatorial) parecia entender que não seria possível encarcerar tantas pessoas, que a pena de prisão não poderia ser a panaceia para todos os males. Para tanto, elaborou uma série de institutos que, ainda que tenham lá seus problemas, serviam para a aplicação das penas com alguma razoabilidade e racionalidade.

De lá para cá, a situação mudou, e em diferentes momentos nossa legislação acreditou que poderia ser uma boa ideia investir no contrário, ou seja, no encarceramento massivo de pessoas por crimes cometidos mesmo sem violência. O aumento da violência e da criminalidade nos últimos decênios (Bueno; Lima, 2019; Brasil, 2019b) nos demonstra o contrário. E se errar é humano, bem, insistir no erro é o quê?

Capítulo 9

Progressão e regressão de regime, detração e remição

Como já explicamos, o direito penal brasileiro, especialmente com as mudanças introduzidas após 1984, foi estruturado segundo uma perspectiva preventiva e ressocializadora (prevenção especial positiva). Para que isso não seja um simples discurso, temos a necessidade de medidas que favoreçam esse processo e viabilizem o cumprimento da pena em condições mais favoráveis, em menor tempo, eliminando excessos, mas, também, prevendo consequências quando o/a apenado/a descumprir os deveres que a legislação lhe impõe. Neste capítulo, abordaremos os institutos da progressão e regressão de regime, da detração e da remição.

— 9.1 —
Progressão de regime

Ao adotar um sistema progressivo de penas, a legislação projeta um percurso cuja tendência natural é seguir sucessivamente da modalidade mais rígida de cumprimento de pena até a liberdade. Nesse sentido, alguém que ingressa no sistema penal em regime fechado deve, após certo tempo, passar a cumprir pena no regime semiaberto, depois no aberto e, finalmente, regressar à plena liberdade.

Até 2019, a regra geral para progressão de regime, trazida no art. 112 da Lei de Execução Penal era que, quando o/a preso/a tivesse cumprido um sexto da pena no regime em que se encontrava, teria direito à progressão, observado também o requisito subjetivo de "ostentar bom comportamento carcerário" (art. 112, *caput*, redação dada pela Lei n. 10.792, de 2003). O advento da Lei n. 13.964, de 24 de dezembro de 2019 alterou significativamente a regra do art. 112 da LEP, que passou a ter a seguinte redação:

> Art. 112. A pena privativa de liberdade será executada em forma progressiva com a transferência para regime menos rigoroso, a ser determinada pelo juiz, quando o preso tiver cumprido ao menos:
>
> I – 16% (dezesseis por cento) da pena, se o apenado for primário e o crime tiver sido cometido sem violência à pessoa ou grave ameaça;
>
> II – 20% (vinte por cento) da pena, se o apenado for reincidente em crime cometido sem violência à pessoa ou grave ameaça;
>
> III – 25% (vinte e cinco por cento) da pena, se o apenado for primário e o crime tiver sido cometido com violência à pessoa ou grave ameaça;
>
> IV – 30% (trinta por cento) da pena, se o apenado for reincidente em crime cometido com violência à pessoa ou grave ameaça;
>
> V – 40% (quarenta por cento) da pena, se o apenado for condenado pela prática de crime hediondo ou equiparado, se for primário;
>
> VI – 50% (cinquenta por cento) da pena, se o apenado for:
>
> a) condenado pela prática de crime hediondo ou equiparado, com resultado morte, se for primário, vedado o livramento condicional;

b) condenado por exercer o comando, individual ou coletivo, de organização criminosa estruturada para a prática de crime hediondo ou equiparado; ou

c) condenado pela prática do crime de constituição de milícia privada;

VII – 60% (sessenta por cento) da pena, se o apenado for reincidente na prática de crime hediondo ou equiparado;

VIII – 70% (setenta por cento) da pena, se o apenado for reincidente em crime hediondo ou equiparado com resultado morte, vedado o livramento condicional.

A regra de um sexto que existia na LEP já era matizada pela Lei n. 8.072, 25 de julho de 1990 (Lei de Crimes Hediondos), cujo art. 2º, parágrafo 2º (agora revogado), declarava que, no caso dos crimes previstos por ela, o cumprimento da pena deveria ser de dois quintos para dar direito à progressão no caso de condenações primárias ou de três quintos quando houvesse reincidência. A essa disposição, já pairavam inúmeras críticas, por negar qualquer propósito ressocializador e representar uma discriminação fundada no tipo de autor (Santos, 2014, p. 486). Desde que a Lei de Crimes Hediondos entrou em vigor, foram diversos vaivéns em relação ao tema, com revisões legais e formação de jurisprudência que agora não faz sentido abordarmos. O que vale dizer é que os problemas que se levantavam foram agravados profundamente com a Lei n. 13.964/2019.

Além do *caput* e incisos da LEP reproduzidos anteriormente, ainda foram acrescentados vários parágrafos, impondo condições à progressão e ao livramento condicional, limitando a progressão de regime de mulheres gestantes, com dependentes crianças ou deficiência etc. Em síntese, essa mudança legislativa representa um enorme retrocesso e aprofunda ainda mais a ruptura com o **sistema progressivo** arquitetado no processo de redemocratização do país. Não à toa, é vista como "absurda e inconstitucional" (Bitencourt, 2020, p. 649) por parte tão significativa dos/as juristas.

O grande problema de aumentar tanto as frações necessárias para progredir de regime e obter outros benefícios é que nos leva a uma separação do tipo *nós e eles* ou, talvez mais precisamente, do tipo *nós, eles e eles outros* – já que quem legisla e opera o direito raramente propõe para si um exercício de alteridade diante do/a apenado/a. Separamos, então, *eles*, que cinicamente dizemos estar se recuperando, e *eles outros*, para os quais não há solução. Rompemos com qualquer propósito elevado da pena e lançamo-nos novamente na indefensável **prevenção especial negativa**.

Criticar essa regra não é, nem de longe, defender a impunidade. Crimes gravíssimos já preveem penas altas, de modo que a fração de pena em regime fechado já seria significativa, presente ainda a possibilidade de mantê-la por mais tempo ou aplicar a regressão motivadamente sempre que fosse o caso. Como exploramos ao falar das teorias da pena, não há qualquer comprovação empírica de que aumentar o rigor punitivo diminui a criminalidade. O que vemos com a Lei n. 13.964/2019 é simplesmente o discurso politiqueiro da punição mais uma vez mostrando sua força.

— 9.2 —
Regressão de regime

A regressão é, em linhas gerais, o oposto do instituto anterior. Se temos na progressão uma regra, o percurso natural a ser percorrido por quem responde a uma pena privativa de liberdade, a regressão é a exceção que, de alguma maneira, confirma aquela regra. Nesse sentido, mesmo sendo uma ferramenta que agrava a situação do condenado, ela não deixa de ser coerente com a lógica pensada para o direito penal brasileiro, no sentido de servir como lembrete de que o descumprimento da norma traz consequências. Vejamos a regra da LEP para regressão de regime:

> Art. 118. A execução da pena privativa de liberdade ficará sujeita à forma regressiva, com a transferência para qualquer dos regimes mais rigorosos, quando o condenado:
>
> I – praticar fato definido como crime doloso ou falta grave;
>
> II – sofrer condenação, por crime anterior, cuja pena, somada ao restante da pena em execução, torne incabível o regime (artigo 111).
>
> § 1º O condenado será transferido do regime aberto se, além das hipóteses referidas nos incisos anteriores, frustrar os fins da execução ou não pagar, podendo, a multa cumulativamente imposta.
>
> § 2º Nas hipóteses do inciso I e do parágrafo anterior, deverá ser ouvido previamente o condenado.

Antes de analisarmos as hipóteses de regressão, há um detalhe relevante a ser destacado do *caput* do artigo apresentado Como se lê, a regressão sujeita o/a condenado/a a "qualquer dos regimes mais rigorosos" (art. 118, LEP), deixando claro que a passagem não se dará, necessariamente, para o regime imediatamente anterior. A depender do caso, é possível regredir do regime aberto ao fechado sem passar pelo semiaberto.

Como depreendemos da LEP, a primeira hipótese de regressão é com a prática de fato definido como *crime doloso* ou *falta grave*. A redação do inciso foi criteriosa ao falar em "fato definido como crime doloso" (art. 118, LEP), o que significa que basta o indício da prática do crime para ensejar a regressão. As faltas graves a que o inciso também se refere estão condensadas no art. 50 da LEP e incluem fugir, portar instrumentos lesivos, provocar acidentes no trabalho, violar o dever de obediência aos servidores, recusar-se a executar trabalhos, ordens etc.

Depois disso, temos a possibilidade de regressão pela superveniência de uma condenação nos casos em que a soma das penas não permita a continuidade do/a apenado/a no regime que está remetendo à regra do art. 111 da LEP. Precisamos lembrar também da regra do art. 33, parágrafo 2º, CP, que estabelece os intervalos de pena correspondentes a cada regime, pois, quando a soma da pena atual a cumprir e da nova condenação ultrapassar os limites do regime atual, haverá a regressão. Essa hipótese, como se trata de uma simples operação matemática, não requer a oitiva do/a condenado/a.

Finalmente, temos o duplamente problemático parágrafo que prevê a regressão caso o/a apenado/a "frustre" os fins da execução ou não pague multa cumulativamente imposta. O primeiro problema diz respeito à expressão *frustrar os fins da execução*, excessivamente aberta. Como já mencionamos, a utilização de tais expressões deve ser evitada pela legislação, sobretudo quando prejudica o indivíduo. Ao proceder de tal maneira, a legislação dá ao Judiciário uma discricionariedade que pode facilmente converter-se em arbítrio.

O segundo ponto diz respeito ao inadimplemento de multa. Como também já mencionamos, a multa (cumulativa ou não), quando não é paga, torna-se dívida de valor. O problema é que a redação original do art. 51 do CP, dada pela Lei n. 7.209/1984, previa a conversão da pena de multa em detenção, o que mudou com a Lei n. 9.268/1996. Com essa mudança, o previsto no art. 118, parágrafo 1º, da LEP também deveria ter sido revogado, mas acabou passando em branco.

O último ponto a se mencionar é a necessidade de ouvir o/a condenado/a, exceto no caso do art. 118, inciso II. Santos (2014), no entanto, expõe a incompletude dessa previsão, pois a progressão de regime exige decisão judicial motivada precedida por manifestação da defesa e do Ministério Público, "então – e com maior razão – a regressão de regime também deve ser determinada por decisão judicial motivada, com prévia manifestação do Ministério Público e da Defesa" (Santos, 2014, p. 487).

— 9.3 —
Detração

Como mencionamos no Capítulo 4, aproximadamente um terço de todas as pessoas presas no Brasil se encontram em situação provisória, sem uma sentença condenatória que confirme a prisão. Imaginemos esses casos e pensemos agora que um indivíduo, após passar algum tempo preso provisoriamente, teve sua condenação confirmada. O que acontece com a pena que ele já cumpriu? Deverá ser abatida da pena sentenciada ou o cálculo começará do zero com a prisão definitiva? Para respondermos a essa dúvida, passamos ao instituto da detração.

O art. 42 do CP dispõe o seguinte:

> Art. 42. Computam-se, na pena privativa de liberdade e na medida de segurança, o tempo de prisão provisória, no Brasil ou no estrangeiro, o de prisão administrativa e o de internação em qualquer dos estabelecimentos referidos no artigo anterior.

Um primeiro ponto, portanto, é que a regra se aplica tanto para **pena** quanto para **medida de segurança**, que veremos detalhadamente no Capítulo 11. Quanto à prisão provisória, estão incluídas prisão em flagrante, temporária, preventiva, decorrente de pronúncia e de sentença condenatória recorrível.

É importante mencionarmos ainda a determinação trazida pela Lei n. 12.736, de 30 de novembro de 2012, que trouxe a seguinte disposição no art. 1º: "A detração deverá ser considerada pelo juiz que proferir a sentença condenatória, nos termos desta Lei". Essa operação torna mais clara a aplicação da detração, na medida em que ela ficará registrada na sentença condenatória.

Uma última consideração diz respeito à detração de tempo de prisão resultante de um outro processo. Bitencourt (2020, p. 666) menciona que a interpretação mais liberal aceita a detração do tempo cumprido por esse outro processo, desde que o crime tenha sido praticado anteriormente. Santos (2014) faz a ressalva de que essa possibilidade existe "em processo anterior de que resultou **absolvição** do acusado" (Santos, 2014, p. 500, grifo nosso).

— 9.4 —

Remição

A remição é uma das ferramentas mais importantes no propósito ressocializador do direito penal. Originalmente, tratava-se da possibilidade de reduzir o tempo da pena por meio do trabalho. Com o tempo, esse instituto foi se expandindo e passaram a ser consideradas também atividades educativas para fins de remição. Suas regras constam no art. 126 e seguintes da LEP, que tinha uma redação mais simples, limitada ao trabalho. Apesar disso, já havia juízes/as de execução que aplicavam a remição de maneira mais ampla. A Lei n. 12.433, de 29 de junho de 2011, positivou essa ampliação. Vejamos detalhadamente suas regras.

O *caput* do art. 126 da lei citada traz a seguinte redação:

Art. 126. O condenado que cumpre a pena em regime fechado ou semiaberto poderá remir, por trabalho ou por estudo, parte do tempo de execução da pena.

Em seguida, temos a base de cálculo da remição, que será feito da seguinte forma: um dia de pena a cada 12 horas de frequência escolar ou um dia de pena a cada três dias de trabalho. Há, ainda, uma observação sobre as horas de estudo, que precisam ser divididas em pelo menos três dias. Lendo de outra maneira, portanto, a remição se dá a cada três dias de trabalho ou 12 horas de estudo (não há necessidade de dividir essas 12 horas igualmente entre cada dia de estudo).

A remição não se aplica exclusivamente computando trabalho ou estudo desenvolvidos no estabelecimento penal. Se o/a condenado/a trabalha fora do ambiente prisional, essa atividade obviamente será considerada – exceto quando o/a apenado/a já está no regime aberto, como o *caput* do art. 126 da LEP deixa claro. Já as atividades de estudo devidamente comprovadas serão consideradas também no regime aberto e na liberdade condicional. Há quem entenda que, em benefício do/a apenado/a, isso deveria se estender analogamente ao trabalho (Bitencourt, 2020, p. 668). De fato, não vemos nenhum motivo que justifique abrir essa possibilidade na remição por estudo e não fazer isso na remição por trabalho.

É importante destacar a redação do art. 128 da LEP, o qual determina que "o tempo remido será computado como pena cumprida, para todos os efeitos", valendo para concessão de indulto e livramento condicional e contando como pena efetivamente cumprida. Essa redação foi dada pela Lei n. 12.433/2011, porque, até então, havia uma divergência a respeito do cômputo da remição: se deveria ser somado à pena cumprida ou descontado do total de pena aplicada, o que gerava resultados práticos diversos. Com a nova redação, ficou claro que os dias remidos se somam à pena cumprida.

Outro adendo é que presos/as provisórios/as e condenados/as por crimes políticos não têm a obrigação de trabalhar (art. 31, parágrafo único, e art. 200, LEP), mas, na perspectiva de que o trabalho é um direito/dever, podem fazê-lo. Nesse caso, teriam também os direitos que resultam do trabalho. O art. 126, parágrafo 7º, da LEP declara que as disposições do artigo valem também para as hipóteses de prisão cautelar.

Há, ainda, algumas especificidades que podem ser sintetizadas na ideia de que a remição deverá valer sempre que o/a apenado/as quiser trabalhar, mesmo nos casos em que isso não seja possível. Por isso, vemos no art. 126, parágrafo 4º, LEP, que "o preso impossibilitado, por acidente, de prosseguir no trabalho ou nos estudos continuará a beneficiar-se com a remição". Diante desse impedimento, portanto, a remição deverá seguir contando da mesma forma. Outro ponto é que os entendimentos doutrinários avançaram na defesa de que a remição não pode ser inviabilizada pela displicência estatal. Se o/a apenado/a se apresenta para o trabalho, mas é impedido/a pela inexistência de ocupações, sem que lhe sejam dadas alternativas, terá direito à remição mesmo assim. Conforme Santos (2014, p. 493):

> Se o condenado pretende cumprir o dever social de trabalhar, promovendo a própria dignidade humana, então o direito de remir parcialmente a pena privativa de liberdade pelo trabalho não pode ser cassado ou denegado pela administração penitenciária, sob alegação de inexistência de trabalho produtivo no estabelecimento penal.

Esse problema frequente, no entanto, nos coloca em um impasse: de um lado, a injustiça que seria prejudicar os/as apenados/as pela falta de oportunidade de trabalho; do outro, a injustiça de remir a pena sem que haja uma contrapartida do condenado. Uma saída pode ser possibilitar outras atividades e adotar um conceito amplo de trabalho, incentivando, por exemplo, o artesanato – que a lógica produtivista por trás do trabalho no cárcere tende a desprezar. Observe o que o art. 32, parágrafo 1º, da LEP diz a respeito: "Deverá ser limitado, tanto quanto possível, o artesanato sem expressão econômica, salvo nas regiões de turismo".

Sobre a remição pelo estudo, também defendemos que seja ampliada ao máximo de possibilidades. É lugar comum o discurso de que somente com educação poderemos "vencer" a criminalidade, então por que não deveríamos concretizá-lo?

Há toda uma seção na LEP correspondente à assistência educacional, o que inclui instrução escolar e formação profissional (art. 17). Nela está prevista a obrigatoriedade do ensino fundamental, além de ensino médio, na modalidade regular ou supletiva, integrado com as redes municipais e estaduais de ensino, por meio de convênios para cursos especializados etc. No que se refere à estrutura física dos estabelecimentos penais, está prevista a instalação de "salas de aulas destinadas a cursos do ensino básico e profissionalizante" (art. 82, § 4º, LEP). Mais uma vez, nem é preciso dizer que a realidade pode ser muito diferente disso.

Além do ensino presencial que deveria ser oferecido nos estabelecimentos penais, também é possível que sejam oferecidos cursos remotos, conforme as metodologias do ensino à distância (art. 126, § 2º, LEP). Quando essas atividades são desenvolvidas fora do ambiente prisional, por sua vez, é necessária a comprovação mensal de sua frequência e seu aproveitamento (art. 129, § 2º). Também é elogiável o disposto no art. 126, parágrafo 5º:

> O tempo a remir em função das horas de estudo será acrescido de 1/3 (um terço) no caso de conclusão do ensino fundamental, médio ou superior durante o cumprimento da pena, desde que certificada pelo órgão competente do sistema de educação.

A Recomendação n. 44 do Conselho Nacional de Justiça (CNJ, 2013) também apresenta critérios para considerar esse cumprimento pela realização do Exame Nacional para Certificação de

Competências de Jovens e Adultos (Encceja), no caso do ensino fundamental, ou do Exame Nacional do Ensino Médio (Enem), para o ensino médio.

O documento anteriormente citado, aliás, trouxe um grande avanço para a remição pelo estudo e, idealmente, suas disposições deveriam ser transformadas em lei. Para os fins de remição pelo estudo, ela recomenda que:

> sejam valoradas e consideradas as atividades de caráter complementar, assim entendidas aquelas que ampliam as possibilidades de educação nas prisões, tais como as de natureza cultural, esportiva, de capacitação profissional, de saúde, entre outras, conquanto integradas ao projeto político-pedagógico (PPP) da unidade ou do sistema prisional local e sejam oferecidas por instituição devidamente autorizada ou conveniada com o poder público para esse fim. (CNJ, 2013, p. 2)

Na prática, alguns/mas juízes/as de execução espalhados/as pelo país já aceitavam e incentivavam essas práticas, com projetos pioneiros de resultados muito positivos. Ainda com base na recomendação, mencionamos a possibilidade de remição pela leitura. Idealmente, devem ser implementados projetos específicos de incentivo à leitura, disponibilizados exemplares de livros com a manutenção de bibliotecas no ambiente prisional, além da efetiva remição da pena pela quantidade de leitura feita pelo apenado. O critério apresentado é que a cada obra lida o/a preso/a tenha direito a remir quatro dias de pena, limitando-se a 12 obras por ano, ou seja, 48 dias de remição a cada ano. Para comprovar a leitura, deve ser elaborada uma resenha da obra.

Uma consideração que diz respeito a todo o instituto da remição é que o/a preso/a tem direito a uma relação de seus dias remidos (art. 129, § 2º, LEP), o que pode ser pensado como um detalhamento do art. 41, inciso XVI, que dá a todos/as o direito a um atestado atual do quanto ainda há de pena a cumprir. Outro detalhe importante é que há uma espécie de "regressão" na detração! Conforme o art. 127 da LEP, até um terço do tempo remido pode ser revogado pelo juízo de execução em caso de falta grave cometida pelo/a apenado/a.

— 9.5 —
Para concluir

Trabalho e estudo frequentemente aparecem como antídotos para a criminalidade. Esse é um discurso bastante gasto, que encontramos sempre que alguém quer opinar sobre as possíveis soluções para o crime e não sabe muito bem como. Não discordamos desse ponto de vista; aliás, esse é um discurso que nos une como sociedade, já que ninguém ousa discordar que as pessoas devem ter educação e oportunidades de trabalho digno. Mas alertamos que, como o discurso frequentemente é colocado, não passa de um amontoado de frases de efeito.

Mesmo com severas ressalvas às ideias de uma **prevenção especial positiva**, nas quais indubitavelmente a remição se apoia, entendemos e valorizamos a importância daquela. Além do potencial transformador que o trabalho e o estudo podem ter, a remição, em certa medida, faz do/a condenado/a senhor/a da própria pena. O cárcere não é capaz de transformar ninguém, mas pessoas com oportunidades são capazes de se transformar.

Capítulo 10

Efeitos da condenação e reabilitação

Uma sentença penal condenatória afeta a vida de uma pessoa de modo muito mais amplo do que apenas a pena imposta pela/o magistrada/o. Não é possível seguir como se nada tivesse acontecido, afinal, durante o período de pena (especialmente se restritiva de liberdade), os/as condenados/as **não podem seguir e administrar a vida normalmente.** Não raro acumulam dívidas, perdem contatos e reforçadores sociais, assim como adentram uma instituição que exercerá controle total sobre todos os aspectos de seu cotidiano – seja pelas normas penitenciárias, seja pelas normas sociais do ambiente que agora lhe serve de contexto e contingência.

Além dessas consequências sociais diretamente relacionadas ao cumprimento da pena, outros efeitos podem advir do próprio mundo jurídico (da lei ou da sentença), os quais incluem, por exemplo, perda do poder familiar, de cargo, dos produtos do crime, da habilitação para dirigir e, claro, a obrigação de reparar o dano, só para citarmos alguns. Costumamos chamar esses aspectos de *efeitos secundários da condenação*, que serão trabalhados neste capítulo. O processo para revertê-los e tentar voltar ao estado anterior à pena (o que é sempre impossível) é denominado *reabilitação*, outro assunto deste tópico.

— 10.1 —
Efeitos da condenação

A condenação, no direito penal, tem um efeito óbvio, que, aliás, atravessa toda a nossa discussão: a **pena**. É certo que ela pode vir de variadas formas – privação de liberdade, multa, restrições de direitos etc. –, mas será sempre uma dessas respostas que denominamos *pena* o grande efeito de uma condenação penal. Não obstante, outros efeitos também são previstos e acompanham a imposição da pena. Por esse motivo, são chamados frequentemente de *efeitos secundários* ou *efeitos acessórios* da condenação.

Além disso, sabemos que uma mesma conduta pode ensejar consequências em diferentes esferas. Um médico, por exemplo, que pratica um crime no exercício de sua profissão deverá responder criminalmente, mas também poderá responder na esfera cível e administrativamente perante seu órgão de classe. Alguém que pratique um crime ambiental certamente deverá sofrer também consequências administrativas perante os órgãos competentes. Um funcionário público que cometa peculato (art. 312, CP) não ficará isento de consequências administrativas, e por aí vai. As consequências que veremos se relacionam com outras searas e não tiram a competência que elas têm para atuar.

Esses efeitos encontram-se nos arts. 91, 91-A e 92 do CP, que os organiza conforme efeitos genéricos e específicos. Vejamos a seguir cada um deles.

— 10.1.1 —
Obrigação de indenizar o dano causado pelo crime

Se o crime causa um dano, como ocorre em boa parte dos delitos mais comuns (furto, roubo, dano em sentido estrito, receptação etc.), além da pena, fica reconhecida a obrigação de indenizar aquele dano. Uma crítica que o direito penal frequentemente (e merecidamente) sofre é de quase não dar importância às vítimas. Ao chamar para si o monopólio da sanção e colocar-se como substituto das vítimas, o direito penal praticamente as esquece, focando seus esforços muito mais na punição da pessoa acusada do que no amparo à vítima.

Na hipótese do art. 91, inciso I, do CP fica reconhecida a obrigação de indenizar. Como cita Bitencourt (2020, p. 937), "a sentença penal condenatória faz coisa julgada no cível, valendo como título executivo". Em outras palavras, para que se possa obter a indenização, é necessário pedi-la no juízo cível; nesse caso, fica dispensada a necessidade de um processo de conhecimento, bastando a execução da sentença penal. Nada impede, porém, que a vítima ou sucessores/as ingressem antes com uma ação cível para a reparação desses danos, de modo que não precisem aguardar o término da ação penal.

— 10.1.2 —
Perda dos instrumentos e produtos do crime

O art. 91, inciso II, do CP determina que instrumentos e produtos do crime serão perdidos "em favor da União, ressalvado o direito do lesado ou de terceiro de boa-fé". Um primeiro ponto importante aqui consiste na separação cautelosa do que são **instrumentos** e **produtos** do crime. A distinção parece simples: *instrumento* refere-se àquilo que é usado para cometer o crime, enquanto *produto* diz respeito àquilo que se obtém do crime. Um primeiro cuidado, no entanto, é que são considerados instrumentos para esses fins "coisas cujo fabrico, alienação, uso, porte ou detenção constitua fato ilícito" (art. 91, II, "a", CP). Portanto, não é qualquer bem utilizado na prática de um crime que poderá ser perdido em favor da União, mas somente aqueles considerados ilícitos.

É muito importante não fazermos a confusão entre esse efeito da condenação penal e a apreensão de bens que decorre da legislação processual. Se um bem **lícito** for utilizado para um fim **ilícito**, ele poderá ser apreendido para instruir o processo, restituído mais tarde conforme as regras do CPP, art. 118 e seguintes.

É plenamente possível, por exemplo, apreender computadores que possam conter informações relevantes para a instrução do processo, mas, por se tratar de objetos lícitos, eles deverão ser restituídos quando não forem mais necessários à Justiça.

Um parênteses importante diz respeito a veículos, embarcações e aeronaves. Ninguém acharia razoável que o carro com que culposamente se praticou um homicídio fosse perdido em favor da União, mas o que dizer de um veículo utilizado para o tráfico de drogas? A Lei n. 11.343, de 23 de agosto de 2006 (Lei de Drogas), torna possível que sejam perdidos em favor da União, mesmo não sendo bens **ontologicamente** ilícitos.

O outro ponto a discutirmos é a perda do "produto do crime ou de qualquer bem ou valor que constitua proveito auferido pelo agente com a prática do fato criminoso" (art. 91, II, "b", CP). Essa hipótese foi bastante alargada com algumas alterações trazidas com a Lei n. 12.694, de 24 de julho de 2012, e com o Pacote Anticrime, de 2019. Essas alterações tornaram possível decretar a perda de quaisquer bens do condenado em algumas hipóteses, não apenas daqueles diretamente ligados ao delito. Alguns autores, como Bitencourt (2020, p. 941 e seguintes), já faziam pesadas críticas à mudança de 2012 e ampliaram essas críticas com alteração de 2019. Para o autor, o art. 91-A, introduzido pela Lei n. 13.964, de 24 de dezembro de 2019, é inquestionavelmente inconstitucional (Bitencourt, 2020, p. 941 e seguintes).

— 10.1.3 —
Perda de cargo, função pública ou mandato eletivo

Entre os efeitos denominados *específicos* da condenação, temos a possível perda de cargo, função pública ou mandato eletivo.

Quando abordamos as penas alternativas, vimos que dentre as penas de interdição temporária de direitos, temos a "proibição do exercício de cargo, função ou atividade pública, bem como de mandato eletivo" (art. 47, I, CP). Precisamos estar atentos para não confundirmos essa situação, na qual estávamos falando em **pena**, e a presente, que se trata de **efeito da condenação**.

Na hipótese que abordamos anteriormente, a proibição se dava temporariamente, aplicada na forma de substituição a uma pena privativa de liberdade. Portanto, ela teria duração limitada a no máximo quatro anos, conforme a sistemática decorrente das penas alternativas.

Na hipótese de que tratamos agora, essa perda é definitiva, não como pena, mas como consequência dela, e estará limitada a duas hipóteses, conforme o art. 92, inciso I, alíneas a e b, do CP:

a) quando aplicada pena privativa de liberdade por tempo igual ou superior a um ano, nos crimes praticados com abuso de poder ou violação de dever para com a Administração Pública;

b) quando for aplicada pena privativa de liberdade por tempo superior a 4 (quatro) anos nos demais casos.

O primeiro caso, portanto, é indissociável do exercício do cargo, função ou mandato. Por excelência, estamos nos referindo a crimes como peculato, prevaricação, concussão etc., mas é possível admitir quaisquer delitos, desde que envolvam abuso de poder ou violação de dever com a Administração Pública. Sobre sua extensão, entendemos que está ligada necessariamente ao ofício do qual o indivíduo se utilizou para praticar o delito. Na hipótese de a pessoa acumular dois ofícios (um cargo no Judiciário e a docência em uma universidade pública, por exemplo), perderá somente aquele por meio do qual o crime foi cometido. Por ter se beneficiado do cargo, função ou mandato para praticar aquele delito, abusando de seu poder ou violando seu dever para com a Administração Pública, basta que a pena seja igual ou superior a um ano para aplicar-se esse efeito.

Já o segundo caso não tem relação com o cargo, função ou mandato. Ela será aplicada mediante a prática de qualquer crime cuja pena em concreto seja superior a quatro anos. Uma ressalva importante é que essa perda não é eterna: um juiz federal, por exemplo, que perca o cargo poderá exercê-lo novamente no futuro; nesse caso, ele terá "apenas" que passar em um novo concurso. Um último lembrete, sempre necessário, é que estamos tratando de uma consequência prevista pelo direito penal; nada impede que a pessoa sofra um processo administrativo e seja punida de acordo com suas determinações.

— 10.1.4 —
Perda do poder familiar, tutela ou curatela

O CP prevê que o/a condenado/a ficará impedido de exercer o poder familiar, tutela ou curatela quando praticar

> crimes dolosos sujeitos à pena de reclusão cometidos contra outrem igualmente titular do mesmo poder familiar, contra filho, filha ou outro descendente ou contra tutelado ou curatelado; (art. 92, II, CP)

A esse respeito, há duas informações presentes no próprio texto, mas que precisamos reforçar. A primeira delas é que, para os fins dessa disposição, são consideradas as penas **em abstrato**, e não em concreto. Observe que a redação do CP fala em "penas sujeitas", não importando qual será a pena aplicada. A segunda informação é que são penas sujeitas a reclusão. Crimes sujeitos a detenção e/ou multa não entram nessa disposição, mesmo aqueles que estão necessariamente relacionados ao exercício do poder familiar, como o crime de **abandono material** (art. 244, CP).

— 10.1.5 —
Inabilitação para dirigir

Mais uma vez, precisamos remeter ao nosso estudo das penas alternativas para lembrar que, naquele caso, é uma proibição temporária que funciona como pena. Na situação que temos agora, é efeito da condenação e estende-se indefinidamente, embora possa ser revertido futuramente, como veremos logo adiante.

Quando falamos da suspensão do direito de dirigir como pena, precisamos lembrar, ainda, que ela precisa evidentemente estar vinculada a um crime ligado à condução de veículo, mas que esse crime pode ser culposo. No caso em que trabalhamos agora, o delito precisa ser doloso. Um exemplo seria a pessoa que, dirigindo embriagada, atropela e mata um transeunte. Nesse caso, constatado o dolo (eventual), torna-se possível a inabilitação para dirigir.

Uma consideração final diz respeito aos três últimos efeitos estudados, descritos pelo art. 92 do CP: conforme o parágrafo único desse artigo, nenhum dos efeitos é automático; há necessidade de que sejam motivadamente declarados na sentença condenatória.

— 10.2 —
Reabilitação

A reabilitação é um instituto que aparece nos arts. 93 a 95 do CP. Em alguma medida, serve como um "atestado" de que aquele/a condenado/a se encontra "**reabilitado/a**", na expressão codificada. Como uma mera declaração, não tem muita utilidade, mas é possível que esse instituto opere importantes efeitos práticos.

O *caput* do art. 93 do CP dispõe que

A reabilitação alcança quaisquer penas aplicadas em sentença definitiva, assegurando ao condenado o sigilo dos registros sobre o seu processo e condenação.

Esse primeiro efeito, como destaca Bitencourt (2020, p. 949), não tem qualquer vantagem prática, já que o art. 202 da LEP produz os mesmos efeitos de forma imediata e sem necessidade de requisição, o que não ocorre com a reabilitação.

Para obter a reabilitação, é necessário fazer um requerimento, conforme o art. 94 do CP. Isso só será possível passados dois anos da extinção da pena ou término do seu cumprimento. Além disso, é exigido que o/a requerente/a tenha mantido domicílio no Brasil durante esse tempo (o que não faz qualquer sentido, pois a pessoa não está mais cumprindo pena e, a rigor, pode residir onde bem entender). Além disso, deverá ter demonstrado "bom comportamento público e privado", o que soa um pouco infantil, mas faz parte da utopia ressocializadora do direito penal. Finalmente, terá que demonstrar o ressarcimento de eventuais danos que tenha causado à vítima ou sua impossibilidade de fazê-lo, perdão por parte da vítima ou novação da dívida.

A reabilitação poderá ser recusada pelo juízo, mas nada impede que um novo pedido mais bem fundamentado seja feito a qualquer momento. Uma vez concedida, ainda pode ser revogada, tanto de ofício quanto por requerimento do Ministério Público, quando "o reabilitado for condenado, como reincidente, por decisão definitiva, a pena que não seja de multa" (art. 95, CP).

Diante de tantas complicações e nenhuma vantagem aparente, por que então alguém a pediria? A resposta está no parágrafo único do art. 93 do CP:

> A reabilitação poderá, também, atingir os efeitos da condenação, previstos no art. 92 deste Código, vedada reintegração na situação anterior, nos casos dos incisos I e II do mesmo artigo.

Sua possível utilidade, portanto, é recuperar os direitos perdidos por conta dos **efeitos da condenação** que acabamos de ver. É preciso tomar cuidado, porém, com o **alcance da reabilitação**, que não permite a reintegração da situação anterior. Uma pessoa que perdeu seu cargo, por exemplo, não será reinvestida naquele mesmo cargo. Como já dissemos, nada impede que ela volte a exercê-lo, mas teria que passar por uma nova seleção. O mesmo ocorre com mandato eletivo: o mandatário poderá voltar a atuar naquela mesma função, mas terá que ser eleito em novas eleições.

Uma última consideração sobre esse instituto é que ele não torna a vida futura do/a reabilitado/a uma "folha em branco". Apesar de assegurar amplamente o sigilo dos registros sobre seu processo e condenação, eles ainda estarão à disposição da justiça criminal para instruir um eventual processo criminal futuro. A reincidência, uma das consequências mais sérias da condenação, não deixará de ser reconhecida (Bitencourt, 2020, p. 952).

— 10.3 —
Para concluir

Na vida prática, os efeitos da condenação acabam afetando, também, outras pessoas além do/a condenado/a, especialmente quanto ao patrimônio familiar. Talvez a primeira situação que nos venha à mente seja a dos criminosos ricos, como grandes traficantes, milicianos/as ou políticos/as e empresários/as condenados/as por crimes de colarinho branco. Nesses casos, a família, ainda que afastada de uma grande fonte de renda (por vezes até a maior), consegue sobreviver.

No entanto, essa é a exceção. A regra é que a família passe por maus bocados - inclusive para conseguir pagar a defesa, levar produtos para o cárcere - e fique sem renda. Se não puder, ainda, provar que algum dinheiro que tenha guardado para tempos de vacas magras tenha origem lícita, a família pode ser privada até do pouco que, às vezes, juntaram ao longo de uma vida inteira para garantir alguma segurança financeira.

Também não é raro que, no dia a dia, o/a condenado/a sequer saiba da existência da reabilitação, quanto mais saiba da existência dela sofrendo, por muito tempo, efeitos secundários da pena. Seu/sua defensor/a deve instruí-lo/a sobre seus direitos, mas, na realidade, poucas pessoas chegam ao final da pena conseguindo pagar novamente uma defesa jurídica. Não é surpresa para ninguém: encarceramos majoritariamente pessoas pobres e de baixa escolaridade (Brasil, 2019b), portanto, os efeitos secundários da pena são igualmente seletivos.

Capítulo 11

Medidas de segurança

A história do Brasil é repleta de momentos doloridos, sangrentos, impiedosos. Um país nascido e, principalmente, criado com e segundo os horrores da escravidão tem muitos contos de terror para perdermos o sono[11]. Massacres de indígenas[12], bombardeios de população civil[13], ditaduras[14] e, sim, guerras[15], junto a outras formas de descaso pela vida humana e não humana, abundam e, sob um olhar mais atento, afastam qualquer pretensão de um itinerário pacífico para os caminhos históricos do Brasil (Schwarcz; Starling, 2018).

Mesmo contando com concorrentes tão competitivas, o modo como o nosso país – e especialmente nosso direito – tratou e tem tratado seus "loucos de todo gênero"[16], seus "perigosos" (nos termos adotados pelo CP de 1940 para nomear as pessoas

---

1   Histórias pouco indicadas para ler antes de dormir abundam na nossa literatura. Como exemplo, citamos a coletânea de contos *Negrinha*, de Monteiro Lobato (1920).

2   Citamos como **um dos exemplos** de fontes documentais sobre o longo e amplo genocídio indígena o chamado *Relatório Figueiredo* (Funai, 2020) e, por conseguinte, a já extensa literatura sobre esse documento de época redescoberto por Marcelo Zelic apenas em 2012.

3   Como exemplo de uma historiografia clássica sobre o tema, indicamos Queiroz (1966).

4   Quando pensamos nas ditaduras brasileiras, pensamos logo no Estado Novo, de 1937 a 1945, e na ditadura militar, de 1964 a 1985. Temos, no entanto, outros períodos autoritários em nossa história, sobretudo no tempo da Primeira República.

5   Ao pensarmos nas várias guerras que o Brasil participou, geralmente uma delas se sobressai na memória coletiva: a Guerra do Paraguai. Como bibliografia séria e dedicada sobre esse assunto, recomendamos o *Maldita guerra*, de Francisco Doratioto (2002), que inclusive afasta várias concepções já consolidadas sobre esse conflito, mas que parecem não encontrar respaldo em fontes primárias.

6   O art. 5º do Código Civil dos Estados Unidos do Brasil citava os "loucos de todo gênero" como absolutamente incapazes de exercer pessoalmente os atos da vida civil (Brasil, 1916).

com deficiência), seus "anormais"[17], consegue muito facilmente ocupar um lugar de destaque em tão tenebroso *ranking*. Começamos pela própria nomenclatura. Diferentemente dos saberes "psi" (como a psicologia, a psiquiatria), o direito penal e o processual penal nem sequer se deram ao trabalho de alterar os nomes que atualmente seriam minimamente respeitosos para lidar com essa questão. Não raro encontramos o termo *doente mental* ou mesmo outras palavras como *insanidade mental, integridade mental, retardado*, entre outras. Tanto o CP quanto o CPP (especialmente art. 149 e seguintes) apresentam esses péssimos exemplos. O termo mais adequado, desde pelo menos os anos 1990, seria *transtorno mental*[18] ou, preferencialmente, *pessoa com deficiência*. A nomenclatura, embora importante, talvez choque pouco em comparação com os outros horrores que exporemos rapidamente aqui. Afinal, um país que, por um lado, demora para iniciar seu **século dos manicômios** (Pessotti, 1996) e, por outro, até hoje ainda não se livrou completamente deles, merece algumas pontuações sobre um **passado** que infelizmente é mais **presente** do que parece.

---

7   Aqui fazemos referência à genealogia empreendida por Foucault para estudo e compreensão de como a psiquiatria se afirma como ciência da anormalidade, como "estatuto de irregularidade em relação a uma norma e que deverá ter, ao mesmo tempo, estatuto de disfunção patológica em relação ao normal" (Foucault, 2001, p. 205).

8   Desde o *Manual diagnóstico e estatístico de transtornos mentais III*, o DSM III, de 1980, a expressão *doença mental* é empregada apenas em situações bastante específicas, ficando o termo *transtorno* para a maior parte das situações descritas (Wilson, 1993).

Para saber mais ─────────────────────────

> O *Estatuto da Pessoa com Deficiência* e a *Convenção de Nova Iorque* fazem correto uso da terminologia relacionada à pessoa com deficiência. Há um guia interessante para quem quiser ter cuidado com o emprego dos termos, disponível no site da Câmara dos Deputados:
>
> BRASIL. Câmara dos Deputados. **Terminologia sobre deficiência**. Disponível em: <https://www2.camara.leg.br/a-camara/estruturaadm/gestao-na-camara-dos-deputados/responsabilidade-social-e-ambiental/acessibilidade/como-falar-sobre-as-pessoas-com-deficiencia#:~:text=11.,especificar%20o%20tipo%20de%20defici%C3%AAncia>. Acesso em: 18 maio 2021.

───────────────────

Não é nosso objetivo retornar e fazer indicações sobre como é tratada a loucura **desde que o mundo é mundo** ou, talvez, desde o Código de Hamurabi. Afinal, tal operação seria anti-historiográfica, acrítica, e apenas reproduziria os **mitos** (Grossi, 2007) que os vários manuais já reproduzem sobre o assunto, não raro com mil anos de história em apenas alguns parágrafos (e sem qualquer referência digna). Iniciaremos, portanto, com análises bastante breves de um passado tão recente que é quase presente: o CP de 1940. Ainda assim, não pretendemos fazer uma análise exaustiva da normatização de 1940-1984, mas apenas uma breve interpretação e contextualização legislativa da disciplina normativa de então.

Importante!

Sobre as razões de não se engajar nessa tautologia estéril das introduções históricas, vale citarmos o já clássico trabalho de Luciano Oliveira (2004) Não fale no Código de Hamurabi, a ótima Introdução teórica à história do direito, de Ricardo Marcelo Fonseca (2009), e, por fim, a dissertação de mestrado de um dos autores deste livro, Sciencia requentada e debates parlamentares: a cultura jurídica penal brasileira e os debates sobre a pena de morte no Congresso Constituinte de 1890 (Nogueira, 2018).

Continuaremos, em seguida, com o tratamento que a reforma de 1984 passou a dar à questão da **loucura**, analisando se ela constituiria ou não uma sanção penal por parte do Estado e se a Constituição de 1988 teria ou não recepcionado a questão. Após um breve aceno a questões não diretamente relacionadas à legislação, passaremos à análise da Lei n. 10.216, de 6 de abril de 2001, que rege a questão atualmente. Por fim, vamos abordar os desafios ainda enfrentados na temática, pontuando também algumas conquistas.

— 11.1 —
O Código Penal de 1940 e a reforma de 1984

O CP de 1940 é ainda hoje o documento normativo mais importante para o direito penal brasileiro. É claro que, de lá para cá, nosso código sofreu inúmeras alterações e, com isso, mudou drasticamente. A principal de todas elas ocorreu em 1984, que alterou completamente a Parte Geral do CP (como já nos referimos neste livro). Ainda assim, não seria exagero afirmar que, mesmo quase irreconhecível, ele ainda apresenta "marcas subterrâneas de sua genealogia autoritária que continuam a circular pelo direito penal" (Nunes, 2016, p. 175). Primeiramente, iremos nos dedicar a analisar algumas das disposições originais do Código de 1940 sobre os "irresponsáveis" e sobre a resposta estatal para essas pessoas, deixando uma análise sobre os dispositivos pós-reforma de 1984 para um momento posterior.

A parte geral de um código penal se dedica a **questões doutrinais**, por assim dizer, que guiam a aplicação e o sistema penal na totalidade e mesmo a execução de suas próprias normas. É a parte geral, por exemplo, que apresenta a teoria do delito, os critérios de aplicação da lei penal no tempo e no espaço, muitos dos princípios jurídicos do direito penal e, além disso, o que é pena, o que não é pena, a punibilidade e assim por diante. É nela, portanto, que encontraremos a forma como o ordenamento jurídico brasileiro, ao menos em teoria, lidava com o "irresponsável", o "louco", enfim, o "perigoso".

— 11.1.1 —
Medidas de segurança no Código Penal de 1940

"É isento de pena o agente que, por doença mental ou desenvolvimento mental incompleto ou retardado, era, ao tempo da ação ou omissão, inteiramente incapaz de entender o caráter criminoso do fato ou de determinar-se de acordo com esse entendimento". Essa é a redação do art. 22 do CP à época em que foi promulgado, em 7 de dezembro de 1940. À primeira vista, podemos supor que a não aplicação de pena para esses casos seja algo justo e coerente, afinal, em um sistema fundamentado no **discernimento**, como era esse de 1940, não faria sentido aplicar **pena** a essas pessoas. Mas isso significaria que tais condutas, ações ou omissões ficariam sem resposta estatal?

Não. O Título VI do Código de 1940 (art. 75 e seguintes[19]) é integralmente dedicado às medidas de segurança, cuja aplicação pressupõe não apenas a prática de um fato previsto como crime, mas também a **periculosidade** do agente, que poderia ser verificada ou presumida. No primeiro caso, o agente seria reconhecido **perigoso** "se a sua personalidade e antecedentes, bem como os motivos e circunstâncias do crime autorizam a suposição de que venha ou torne a delinquir" (art. 77) e seria presumido **periculoso**, entre outros, o irresponsável descrito no art. 22 e aqueles que estivessem na mesma situação, mas apresentassem discernimento apenas reduzido.

---

9   Os conteúdos aqui apresentados referem-se a textos revogados do CP.

Importante!

Outros casos de periculosidade presumida, dispostos no art. 75 do CP de 1940[10], são:

> III - os condenados por crime cometido em estado de embriaguez pelo álcool ou substância de efeitos análogos, se habitual a embriaguez;
>
> IV - os reincidentes em crime doloso;
>
> V - os condenados por crime que hajam cometido como filiados a associação, bando ou quadrilha de malfeitores.

Crimes são cometidos por todas as pessoas o tempo todo, o que nos leva a afirmar que, em maior ou menor grau, todo mundo venha a delinquir ou torne a fazê-lo, mas nem todo mundo foi ou era submetido a medidas de segurança. A criminologia e setores mais críticos do direito penal já reconheceram de forma segura que o cometimento de delitos não se confunde com a criminalização, processo mais amplo de exclusão, identificação, normalização e, por vezes, extermínio do diferente, vinculado, portanto, a outras questões mais profundas que apenas o cometimento de crimes (Freitas Jr, 2017). O que nos sobra aqui, em uma análise superficial, seria a criminalização da loucura e, por consequência, da pessoa louca.

---

10   Os conteúdos aqui apresentados referem-se a textos revogados do CP.

Vamos brincar de *Quem nunca*?
Quem nunca fez *download* ilegal de livro, música ou filme da internet (art. 184ss, CP)? Quem nunca xingou o/a amiguinho/a (art. 140)? Quem nunca trouxe mais que a cota fiscal permitida de outro país (art. 334)? Beijou em público (art. 233)? Destruiu ou vandalizou alguma coisa que não era sua (art. 163)? Embolsou aquele troquinho a mais ou não devolveu algo que pegou emprestado (art. 168)? Comprou algo bem abaixo do preço e sem ter certeza da origem (art. 180)? Saiu sem máscara (art. 268)?

Acredite, essa lista poderia continuar por horas, isso que nos ativemos apenas ao CP. Se fizéssemos o mesmo exercício com as leis penais extravagantes (como o Código de Trânsito, a Lei de Drogas, entre outras), a situação seria ainda mais chocante.

Ora, o que vemos se delinear é a consideração de que todas as pessoas loucas seriam **naturalmente** perigosas! E que a solução primordial para lidar com os problemas de saúde mental seria internar (nesse contexto, sinônimo de "trancafiar") as pessoas com o que, hoje, chamamos de *deficiência*. A ideia, muito comum, de que a medida de segurança seria um tratamento que vise à saúde do indivíduo pode ser afastada em uma brevíssima análise das medidas de segurança em espécie, ou seja, do art. 88 e seguintes do CP, conforme sua redação original, de 1940. Ali há apenas duas modalidades de medidas de segurança de caráter pessoal:

as detentivas e as não detentivas. As primeiras são divididas em internação em manicômio judiciário, em casa de custódia e tratamento ou em colônia agrícola, instituto de trabalho, de reeducação ou de ensino profissional. As últimas são a liberdade vigiada, a proibição de frequentar determinados lugares e o exílio local.

Se o objetivo da medida de segurança fosse realmente o tratamento, todas as suas modalidades (não apenas algumas) visariam à cura ou ao tratamento de alguma forma. Mas não: o que temos são formas de **controle** do indivíduo, formas de controle da loucura. E, principalmente, formas de controle da **periculosidade**.

A ideia de periculosidade, porém, tem raízes mais amplas do que sua aplicação às pessoas "loucas": a escola positiva do direito penal[11], representada especialmente por Lombroso, Garofalo e Ferri, propunha que a origem do delito estivesse no corpo do delinquente, de forma atávica (Ferri, 1885, 1892; Garofalo, 1885; Lombroso et al., 1886; Lombroso, 1897). O criminoso seria uma **besta humana**, perigosa por natureza, não respondendo por seus atos. Assim, a pena perderia quase que totalmente suas funções tradicionais, transformando-se em um modo de exclusão do diferente para defesa da sociedade (Dias, 2015). Esses autores italianos foram muito lidos e influenciaram bastante o direito penal brasileiro (da época e, em menor grau, até hoje). A escola positiva, portanto, se opunha ao direito penal de influência iluminista (erroneamente chamado de *escola clássica*), que propunha o livre-arbítrio e/ou o discernimento como a base para a imputação penal (Nogueira, 2018).

---

11 Especificamente sobre a escola positiva do direito penal, ver Nogueira (2018).

Se podemos verificar grande influência da escola criminal positivista no Brasil (Alvarez, 2008; Sontag, 2014; Dias, 2015; Nogueira, 2018), por que então ela não era aplicada a todas as pessoas que cometiam ou cometessem crimes? Essa é uma daquelas perguntas que não têm uma resposta simples, mas cuja explicação se conecta a algumas ideias gerais que podemos inferir da história penal brasileira na longa duração. O hibridismo e a generalidade com que o Brasil recebeu e desenvolveu muitas das ideias sobre o direito penal desde o início do século XIX permitem que se adaptem inovações de determinada escola sem abandonar teorias que seriam epistemologicamente incompatíveis com ela.

Importante!

Essa situação se repete ainda hoje, por exemplo, na facilidade com que inovações funcionalistas são recebidas no Brasil sem qualquer cuidado ou mesmo sem um mínimo de seriedade. Apenas para citar uma dessas inúmeras situações, vale verificar a apropriação estapafúrdia e deletéria que foi feita da **teoria do domínio do fato** *(cf. Greco et al., 2014).*

Trabalharemos, em seguida, com a reforma penal de 1984, que, sob alguns aspectos (e de acordo com alguns posicionamentos, a nosso ver, questionáveis) permanece vigente até hoje. Entretanto, gostaríamos de demarcar alguns pontos importantes. A legislação não é sempre seguida. Na verdade, muitas vezes ela não é observada – especialmente quando estamos falando de instituições totais (Goffman, 2001) que nem sempre têm seu acesso franqueado à população em geral e, talvez com maior frequência, não são devidamente fiscalizadas.

Faz sentido, ainda, afirmar que, caso queiramos conhecer as formas como o direito era aplicado (e pensado, repensado, reapreciado, ressignificado) na prática, talvez o melhor caminho seria justamente o contrário. Afinal, seguindo as grandes estradas dificilmente se conhece o dia a dia do sertão mais profundo.

É nas capilarizações dos exercícios de poder que podemos fazer inferências mais adequadas sobre as relações que realmente se construíam entre as enfermarias e os leitos psiquiátricos, entre os corredores e as celas, entre as batutas e as carteiras (Fonseca, 2009). Essas relações muitas vezes passam incólumes mesmo às mais radicais mudanças legislativas. O trem de doido de Barbacena com certeza sequer viu a estação da reforma de 1984. E tantos manicômios ainda hoje não viram as mudanças trazidas pela Lei n. 10.216/2001 – como também não as viram os magistrados e as magistradas, os médicos e as médicas que os mantém abastecidos de pessoas (Delima, 2016).

— 11.1.2 —
O Código Penal de 1940 após a reforma de 1984

A reforma de 1984 alterou significativamente as disposições normativas sobre a medida de segurança. Manteve, no entanto, o que se convencionou chamar de *paradigma* ou *modelo manicomial*

(Amarante; Torre, 2018), ou, em outras palavras, a internação continuou como a resposta principal à suposta periculosidade da loucura. Se, por um lado, seria fácil atestar que julgar os tempos passados dessa forma seria uma forma de anacronismo e que seria um descuido mal-intencionado afirmar categoricamente que o tratamento dispensado às pessoas internadas era um grande problema, por outro, como veremos no decorrer deste capítulo, as críticas a esses modelos psiquiátricos já estavam presentes em 1984 e eram bastante contundentes desde os anos 1960 e, em certo grau, disponíveis ao público brasileiro e às autoridades médicas, executivas, legislativas e, claro, jurídicas da época.

A reforma penal (ou as reformas penais) de 1984, lembremos, foi executada pelas Leis n. 7.209 e n. 7.210, ambas de 1984. A segunda disciplinou as execuções penais e ficou conhecida como *Lei de Execução Penal*, ou LEP; a primeira reformou completamente a parte geral do CP, dando nova redação, portanto, às medidas de segurança, que se mantêm como a resposta estatal dedicada aos inimputáveis. É a ela, portanto, que vamos nos dedicar para compreender a nova disciplina das respostas estatais à pessoa desprovida de sanidade que, como todas as outras, também comete crimes.

A primeira mudança significativa que percebemos é na nomenclatura utilizada para se referir às pessoas que não seriam sujeitas à aplicação de pena: se o CP, na redação original de 1940, se referia a elas como *irresponsáveis*, agora o termo utilizado é *inimputáveis*. Tal disposição se encontra no título sobre a inimputabilidade penal que pode ou não integrar a teoria do delito, dependendo da concepção que se adota (bipartida, tripartida ou quadripartida). Temos, logo, a seguinte redação:

> **Inimputáveis**
>
> Art. 26 – É isento de pena o agente que, por doença mental ou desenvolvimento mental incompleto ou retardado, era, ao tempo da ação ou da omissão, inteiramente incapaz de entender o caráter ilícito do fato ou de determinar-se de acordo com esse entendimento.
>
> **Redução de pena**
>
> Parágrafo único – A pena pode ser reduzida de um a dois terços, se o agente, em virtude de perturbação de saúde mental ou por desenvolvimento mental incompleto ou retardado não era inteiramente capaz de entender o caráter ilícito do fato ou de determinar-se de acordo com esse entendimento. (grifo do original)

Percebemos que pessoas doentes mentais ou com desenvolvimento mental incompleto ou retardado, nos termos da legislação, continuam isentas de pena e que, no caso de serem apenas relativamente incapazes de entender o caráter ilícito do fato no momento, pode-se reduzir a pena. A ideia de aplicar a medida de segurança como resposta estatal **subsidiária** à aplicação da pena permaneceu em 1984, mas com algumas mudanças sensíveis em sua normatização.

As normas específicas sobre a medida de segurança se encontram no Título VI da atual Parte Geral, art. 96 e seguintes, que dispõe que as medidas de segurança seriam apenas internação e tratamento ambulatorial. A internação seria aplicável sempre que o agente fosse inimputável (art. 97), mas, sendo o delito punido com detenção, o juízo poderia trocar a internação pelo tratamento ambulatorial.

Ora, se o objetivo da medida de segurança fosse realmente o bem-estar e o tratamento do agente, não deveria fazer qualquer diferença se o delito fosse punido com uma ou outra forma de prisão. O que deveria ser considerado deveria ser a necessidade do agente, o tipo de tratamento que sua condição demandasse, independentemente do delito praticado. Essa situação evidencia claramente como a medida de segurança tem um caráter residual de pena ao tentar estabelecer qualquer tipo de vinculação entre o delito e a resposta estatal. Para completar a situação, a medida de segurança se extingue com a punibilidade, manifestando claramente seu caráter de **punição**.

A reforma mantém, não obstante, a necessidade de realização de um exame de periculosidade, o que não deveria ter sido (e a nosso ver, não foi) recepcionado pela Constituição de 1988, além de estabelecer um cumprimento de pelo menos um ano de internação. A disciplina de 1984 ainda estabelece o seguinte:

a desinternação, ou a liberação, será sempre condicional devendo ser restabelecida a situação anterior se o agente, antes do decurso de 1 (um) ano, pratica fato indicativo de persistência de sua periculosidade.

Por fim, o CP também prevê, sem revogação **expressa**, que o tratamento ambulatorial pode ser afastado a qualquer tempo e trocado pela internação "se essa providência for necessária para fins curativos" (art. 97, § 4º).

Disso podemos depreender que a medida de segurança se afirma para além da proporcionalidade de responder ao cometimento de delito, mantendo-se enquanto a periculosidade do indivíduo se mantiver. A decisão da cessação da medida de segurança é definida pelo juízo de execução que, no entanto, deve ser sempre mantida em forma condicional por pelo menos um ano, podendo ser sempre reestabelecida se houver qualquer "fato indicativo de persistência de sua periculosidade", nos termos do art. 97, parágrafo 3º. Portanto, de acordo com as normas dispostas no CP atual, as medidas de segurança não teriam limite máximo.

Afinal, medida de segurança é pena por reservar um critério retributivo de reação ao delito? Ou é tratamento por poder se estender indefinidamente enquanto persistir a periculosidade do sujeito? Ou, ainda, nenhuma das anteriores, preservando elementos de ambas?

Essas perguntas acabaram por ser, ao menos indiretamente, respondidas pelo Supremo Tribunal Federal (STF) em mais de um julgado sobre o assunto. O mais célebre deles, de relatoria do Ministro Marco Aurélio Mello, considerou a vedação às penas perpétuas pela Constituição de 1988, art. 5º, inciso XLVII, alínea b. Assim, "a medida de segurança fica jungida ao período máximo de trinta anos" (HC 84.219/2005). Agora, imagine você cumprir 30 anos de pena por um furto? Se medida de segurança é pena, não pode ser pena perpétua, mas não deveria poder, por óbvio, protelar-se tanto no tempo a fim de punir um delito qualquer com a pena máxima do ordenamento jurídico brasileiro.

Importante!

Vale lembrar que 30 anos correspondiam à pena máxima no Brasil de acordo com o CP. Hoje, com o pacote chamado anticrime, de 2019, que de anticrime não tem nada, a pena máxima passou a 40 anos.

Outras decisões do STF também aproximaram a medida de segurança do conceito de pena ao considerar, que, conforme o Recurso Extraordinário n. 628.658, de 5 de novembro de 2015, "sendo a medida de segurança sanção penal, o período de cumprimento repercute no tempo exigido para o indulto".

O Superior Tribunal de Justiça (STJ) tem um entendimento diferente sobre a possibilidade de duração indeterminada da medida de segurança, propondo, na Súmula 527, de 18 de maio de 2015, que "o tempo de duração da medida de segurança não deve ultrapassar o limite máximo da pena abstratamente cominada ao delito praticado". Assim, para o STJ, ninguém deveria ser submetido/a à medida de segurança maior do que quatro anos no caso de furto simples (art. 155, *caput*, CP), por exemplo, ou maior do que 15 anos no caso de tráfico de drogas (art. 33, Lei n. 11.343/2006), e assim por diante.

Embora, claro, tal concepção tenha melhor relação com a proporcionalidade exigida (ao menos em tese) entre delito e punição aplicada, devemos nos lembrar que a pena mínima do delito é a que deveria ser utilizada como base, já que a dosimetria da pena só aumenta, como vimos, para além do mínimo, nas condições fixadas em lei. Assim, mesmo com a súmula do STJ, podemos verificar uma diferença profunda no tratamento dedicado à pessoa com transtorno mental: se uma **pessoa imputável** comete um furto, muito provavelmente sua pena será de um ano; a pessoa submetida à medida de segurança pode ter, na mesmíssima situação, uma pena quatro vezes maior.

Se, por um lado, houve mudanças sensíveis na disciplina normativa de 1940 a 1984, por outro, elas nem sempre chegaram a redefinir a situação das pessoas em situação de internação. Afinal, a reforma de 1984 manteve o paradigma psiquiátrico, modelo de exclusão da loucura (e das pessoas consideradas vítimas de insanidade, por consequência) da vida social. É nessas pessoas esquecidas, abandonadas, largadas por 30 anos em alguma masmorra por um crime qualquer que as várias vulnerabilidades se cruzam e nas quais vemos, talvez melhor aqui do que em qualquer outra situação, a desumanização dos corpos.

— 11.2 —
A reforma psiquiátrica e a Lei n. 10.216/2001 no ordenamento jurídico atual

Em Arbex (2019), podemos encontrar um exemplo interessante para trabalhar a interseccionalidade entre esses vários processos de exclusão da diferença e do diferente. A autora investiga o passado do maior hospício do Brasil (denominado *Colônia*, localizado em Minas Gerais) e apresenta um cotidiano de torturas, sofrimentos, descaso e morte. O rótulo da doença mental, independentemente de laudo, aplicado a todas as pessoas daquele local, servia para tratar a vida como descartável. No prefácio da obra, Eliane Brum expõe:

> Cerca de 70% não tinham diagnóstico de doença mental. Eram epiléticos, alcoolistas, homossexuais, prostitutas, gente que se rebelava, gente que se tornara incômoda para alguém com mais poder. Eram meninas grávidas, violentadas por seus patrões, eram esposas confinadas para que o marido pudesse morar com a amante, eram filhas de fazendeiros as quais perderam a virgindade antes do casamento. Eram homens e mulheres que haviam extraviado seus documentos. Alguns eram apenas tímidos. Pelo menos trinta e três eram crianças. (Brum, 2019, p. 14-15)

A precariedade das instalações mineiras era tão absurda que conseguiu chocar Franco Basaglia, reconhecido mundialmente por sua luta pela desinstitucionalização antimanicomial (que batizou a Lei 180, na Itália, responsável pelo fim dos manicômios – em 1978!). Ao visitar o hospital, convocou a imprensa e deu visibilidade ao caso brasileiro, influenciando a luta pela desinstitucionalização por aqui (Hirdes, 2009; Arbex, 2019). Ainda assim, só depois de passadas mais de 20 anos percorrendo um longo e paulatino caminho, o Brasil aprovou a sua lei antimanicomial, a Lei n. 10.216, de 6 de abril de 2001, que "dispõe sobre a proteção e os direitos das pessoas portadoras de transtornos mentais e redireciona o modelo assistencial em saúde mental".

Embora o projeto de lei que originou essa lei trouxesse disposições mais amplas e radicais, propugnando sobre a extinção progressiva dos manicômios e sua substituição por outros recursos assistenciais (Britto, 2004, p. 93), o art. 4º da lei atual prevê que "a internação, em qualquer de suas modalidades, só será indicada quando os recursos extra-hospitalares se mostrarem insuficientes". Assim, diferentemente do paradigma anterior, agora a internação deixa de ser a regra para se transformar na exceção, devendo ser aplicada tão somente quando as alternativas não manicomiais (extra-hospitalares) sejam insuficientes para o caso em questão. Aqui sim, diferentemente da disciplina de 1984, são o tratamento e as necessidades do/a paciente – não o delito! – a delimitar não apenas a duração do tratamento, mas inclusive se será ou não aplicável a medida de internação.

Mesmo nos casos que porventura demandem a internação, suas modalidades são radicalmente diferentes, nada tendo a ver com uma abstrata periculosidade do/a paciente ou uma eventual infração cometida, e não apresentam qualquer relação com a pena a ser aplicada a determinado delito. O art. 6º da Lei n. 10.216/2001 prevê três modalidades de internação: a voluntária, a realizada sob requisição de terceiro (involuntária) e a internação compulsória.

No primeiro caso, é o/a **próprio/a paciente** que sente a necessidade e requisita sua própria internação para cuidado e tratamento, devendo inclusive assinar declaração no momento de sua admissão à instituição (art. 7º). Por ser manifestação voluntária de sua vontade, pode ser revogada a qualquer tempo por solicitação escrita do/a paciente, sem a necessidade de autorização de quem quer que seja, ou por determinação do/a médico/a assistente (art. 7º, parágrafo único).

No segundo caso, a **internação requisitada por terceiro ou involuntária**, é geralmente algum parente que percebe a necessidade de internação e pede auxílio à instituição. Vale frisar que essa modalidade

> deverá, no prazo de setenta e duas horas, ser comunicada ao Ministério Público Estadual pelo responsável técnico do estabelecimento no qual tenha ocorrido, devendo esse mesmo procedimento ser adotado quando da respectiva alta.

O término dessa internação também é simplificado com relação às antigas medidas de segurança, já que

> O término da internação involuntária dar-se-á por solicitação escrita do familiar, ou responsável legal, ou quando estabelecido pelo especialista responsável pelo tratamento.

Para nós, importa especialmente a última modalidade de internação, já que, a nosso ver, é ela que afasta definitivamente a possibilidade de aplicação de medidas de segurança no ordenamento jurídico brasileiro. A **internação compulsória**, segundo o art. 9º da lei que agora analisamos, dispõe que

> Art. 9º. A internação compulsória é determinada, de acordo com a legislação vigente, pelo juiz competente, que levará em conta as condições de segurança do estabelecimento, quanto à salvaguarda do paciente, dos demais internados e funcionários.

Ela abre, portanto, espaço para que os critérios de 1984, que reformaram a legislação penal brasileira, não precisem mais ser utilizados no caso de uma pessoa com transtorno mental que cometa crimes.

Ocorre, no entanto, que a Lei n. 10.216/2001 não revogou expressamente o Título VI do CP atual, e setores mais conservadores da sociedade continuam defendendo a possibilidade de aplicação das medidas de segurança conforme dispostas no código. Analisaremos a seguir se tal posicionamento se sustenta na prática, verificando essa hipótese com base nos critérios do conflito "aparente" de normas. Para tanto, vamos nos utilizar livremente do texto de Almir Santos Reis Júnior (2017) e, claro, de Norberto Bobbio (1995).

Para Bobbio (1995), há três regras fundamentais para a solução das antinomias: o critério cronológico, o critério hierárquico e o critério da especialidade. **Cronologicamente**, praticamente não há o que dizer: a Lei n. 10.216 é de 2001, e a reforma, como vimos, é de 1984. Esse critério sozinho poderia ser já suficiente para resolver a questão, mas seguimos para demonstrar como, também de acordo com os outros dois critérios, as disposições sobre as medidas de segurança de 1984 devem ser afastadas, prevalecendo a lei mais recente, de 2001.

Hierarquicamente, ambas as normas se encontram em mesmo nível: são leis ordinárias. Porém, caso entendamos o ordenamento jurídico como um todo coerente, podemos confrontá-las com a Convenção de Nova Iorque sobre os Direitos da Pessoa com Deficiência, de 2007, que adentrou o ordenamento jurídico brasileiro em 2009, por meio do Decreto n. 6.949, de 25 de agosto de 2009. Por se tratar de uma norma internacional sobre direitos humanos, o texto da convenção ocupa, em nosso ordenamento, função infraconstitucional, mas supralegal (conforme decidido pelo STF em mais de uma ocasião). Não há compatibilidade possível entre o texto da convenção e as medidas de segurança dispostas na legislação de 1984. Seja pelos princípios expostos pela convenção, seja pelo disposto nos arts. 15 e 16 da referida convenção, seus objetivos se coadunam muito melhor com o disposto na Lei n. 10.216/2001. Mesmo a própria Constituição de 1988 veda, como vimos, a possibilidade de aplicação de penas cruéis ou perpétuas (art. 5º, XLVII), além de garantir, em diversas passagens, direitos específicos às pessoas "portadoras" de deficiência, como no art. 227, inciso II. Por fim, a Constituição traz como objetivo fundamental da República Federativa do Brasil "promover o bem de todos, sem [...] quaisquer formas de discriminação" (1988, art. 3º, IV, CF).

Quanto ao critério da **especialidade**, embora o CP seja a legislação predominante para lidar com as questões relativas a ele, já é cediço que diplomas específicos tendem a prevalecer sobre suas disposições, especialmente estatutos voltados à proteção de vulnerabilidades específicas. Nesse caso, as duas normas (tanto a Lei n. 10.216/2001 quanto a convenção de Nova Iorque), além do Estatuto da Pessoa com Deficiência, tratam especialmente dessa questão e devem ser aplicadas, portanto. Tal situação fica ainda mais clara quando pensamos que todas essas normas concordam principiologicamente entre si – exceto, como vimos, o CP.

— 11.3 —
Para concluir

Mesmo com a Lei n. 10.216/2001, que pode ser considerada um avanço do ponto de vista legislativo, o Brasil ainda tem muitos problemas relacionados ao tratamento dado às pessoas com deficiência. Temos a desocupação forçada – e violenta – da cracolândia (Rui, 2013), o obscurantismo de muitas comunidades terapêuticas (Perrone, 2014) e, principalmente, a quantidade de magistrados e magistradas que insistem na aplicação de medidas de segurança como se elas ainda estivessem no ordenamento jurídico brasileiro (Delima, 2016; Prado; Schindler, 2017).

No Brasil, há **hospitais psiquiátricos** (eufemismo para *manicômios*) e temos pessoas trancafiadas por essas decisões questionáveis. Uma ação ampla de revisão desses casos e a mudança no tratamento dedicado a essas pessoas precisam ser levadas a cabo.

Ainda assim, talvez isso não seja suficiente enquanto não tivermos uma revolução educacional sobre o tema. Especialmente no mundo jurídico, precisamos que mais e mais trabalhos passem a endereçar essa temática de maneira crítica, multidisciplinar e com referências sérias, sem simplesmente reproduzir materiais antigos sobre a temática. Só assim operadores e operadoras do direito poderão, no futuro, fazer jus ao avanço legislativo e, sem exagero, civilizacional, representado por essa nova legislação.

Outras humanidades já alteraram sua forma de lidar com essa questão e se reformularam para atender às novas exigências no cuidado com a saúde mental. Entre as conquistas das nossas terras, podemos citar o Centro de Atenção Psicossocial (Caps), o Centro de Atenção Psicossocial Infanto-Juvenil (Capsi) e o Centro de Atenção Psicossocial–Álcool e Drogas (Caps-AD), criados justamente para substituir os antigos hospitais e manicômios pela Portaria/SNAS n. 224, de 29 de janeiro de 1992, atualizada pela Portaria n. 336, de 19 de fevereiro de 2002. Neles, temos a atuação de equipes multidisciplinares que visam ao tratamento de saúde mental em meios extra-hospitalares, uma iniciativa realmente inovadora com relação ao paradigma anterior.

Por fim, falta trabalharmos para que o direito alcance esse patamar no tratamento dedicado pela Justiça a essas pessoas, a esses seres humanos. Enquanto ainda os/as tratarmos como **agentes** que devam ser punidos/as por sua **periculosidade**, vamos negar a eles a dignidade e a prevalência dos direitos humanos que caracterizam nosso ordenamento. Forneceremos, portanto, um não direito, belamente disfarçado de justiça, mas absolutamente indigno desse nome.

Capítulo 12

Ação penal

O historiador britânico Edward P. Thompson, um dos maiores de sua geração, fez um estudo interessantíssimo sobre uma espécie de ritual conhecido no Reino Unido como *rough music*. Esse mesmo ritual tinha versões semelhantes por toda a Europa e, arriscamos dizer, que, em boa parte do mundo, com muita força até por volta do século XVIII ou mesmo do século XIX. Talvez você o conheça pela sua versão francesa: o *charivari*. Na definição dada por Thompson, *rough music* consiste em um rito no qual se dirigiam "zombarias ou hostilidades contra indivíduos que desrespeitam certas normas da comunidade" (Thompson, 1998, p. 353).

Esses rituais poderiam ocorrer de diversos modos que, por mais interessantes que sejam, não nos competem nesta obra. Fazemos essa menção como uma forma de **justiça comunitária pré-moderna**, na qual os próprios membros da comunidade elegiam as condutas que consideravam "típicas, antijurídicas, culpáveis e puníveis", quais "penas" seriam "cominadas", e eles mesmos executavam a punição escolhida. Quisemos trazer esse caso porque, de certo modo, a **ação penal** é a antítese perfeita do que esses rituais representavam.

Como já mencionamos, o Estado como conhecemos tomou para si o **monopólio da violência física legítima**, como diria Weber (2015), ou o *ius puniendi*, como dizem os penalistas. Quando alguém é vítima de um crime, é como se o Estado dissesse a essa pessoa: "O crime praticado contra você não pode ficar impune, mas você também não pode vingá-lo; deixe que **eu** cuide disso". É por meio da **ação penal** que o Estado exerce essa prerrogativa.

Quando se faz uma leitura teleológica dos fenômenos jurídicos, a ação penal aparece sempre como um avanço, um ganho civilizacional, pois representa o oposto do arbítrio, da vingança, da justiça com as próprias mãos. Tanto é assim que a ação penal não é considerada apenas um direito do Estado e das vítimas de crimes, mas também da própria pessoa acusada, que ganha a chance de defender-se exercendo o contraditório, a ampla defesa, por meio de um devido processo legal e todo o mais. Ao final do capítulo, faremos mais algumas provocações sobre o tema; antes, porém, vamos à dogmática.

— 12.1 —
Ação penal e suas espécies

Os detalhes da ação penal pertencem ao processo penal e, portanto, são esmiuçados pelo CPP. O que o CP, faz é, basicamente, apresentar suas espécies e introduzir algumas regras sobre elas.

Para compreendermos essas regras, podemos pensar a ação penal como o direito de invocar a prestação jurisdicional para apurar e punir um fato delituoso, exercido pelo Ministério Público, mediante denúncia, ou por particular, por meio de queixa-crime, nos casos estabelecidos em lei. Como veremos, a ação penal pode ser pública (incondicionada ou condicionada) ou privada (exclusiva ou subsidiária).

— 12.1.1 —
Ação pública incondicionada

Essa primeira hipótese é a mais comum no direito brasileiro. Nesses casos, ela será promovida pelo Ministério Público e não depende da concordância da pessoa ofendida para que isso aconteça. Aqui está presente a racionalidade de que, se uma pessoa pratica um crime contra outra, em última análise, ela representa um risco para toda uma comunidade. Por esse motivo, o Ministério Público aparece como titular do direito de ação, que exerce em nome da vítima, mas também de toda a coletividade. Em nome da proteção dessa coletividade é que se dispensa a concordância da vítima.

Imagine que uma pessoa é vítima de um roubo. Um transeunte, vendo a situação, aciona a polícia, que, momentos depois, efetua a prisão do acusado. A partir daí, será instaurado um inquérito policial e, com base nele, o Ministério Público deverá oferecer denúncia ao juízo criminal, dando início à ação penal. Imagine, porém, que a vítima não quer nada disso. Ela é cética em relação ao direito penal e, apesar da experiência desagradável, não acha que as soluções oferecidas pelo direito penal sejam adequadas. Ela pode fazer isso? Nesse caso, a resposta é "não". E sob qual fundamento? A melhor explicação, talvez, é que aquela ação não é apenas sobre ela, pois toda uma coletividade está potencialmente ameaçada caso o acusado não seja punido. Portanto, ainda que figurar em um processo criminal (mesmo que como vítima) represente um desgaste e uma exposição que, nesse exemplo, a vítima gostaria de evitar, entende-se que a segurança da coletividade deve prevalecer.

Se é essa a regra no nosso ordenamento, sempre que você olhar para um tipo penal e não houver uma determinação em sentido contrário, trata-se de **ação pública incondicionada**.

— 12.1.2 —
Ação pública condicionada

O art. 100, parágrafo 1º, do CP, dispõe que a ação penal pública dependerá, "quando a lei o exige, de representação do ofendido ou de requisição do Ministro da Justiça". Ainda estamos no campo da ação pública, mas, nesse caso, o Ministério Público não poderá ajuizá-la sempre que quiser, precisando ser autorizado para isso.

No cenário anterior, vimos como, independentemente da vontade da vítima, o delito deverá ser processado, prevalecendo o interesse do Estado em punir. Agora, estamos diante de alguns casos em que a vítima pode decidir a respeito. Como dissemos, a regra é que a ação seja pública e incondicionada; nos casos em que for condicionada, o CP nos avisará, normalmente com a inserção de um parágrafo no tipo penal correspondente. Alguns exemplos de crimes sujeitos à representação são: "perigo de contágio venéreo" (art. 130), "ameaça" (art. 147), "divulgação de segredo" (art. 153) e "furto de coisa comum" (art. 156). Além disso, todos os crimes contra o patrimônio ficam sujeitos à representação se a pessoa acusada for ex-cônjuge ou irmão da vítima, e também tio ou sobrinho que more com ela (art. 182).

Além dos casos de anuência da vítima, há outros poucos que dependem de representação pelo Ministério da Justiça. Como explica Bitencourt (2020, p. 967), isso se justifica pela necessidade de um "juízo político sobre tal conveniência". São os casos de crimes praticados fora do Brasil contra brasileiros/as por estrangeiros/as e os crimes contra a honra do/a presidente ou chefe de governo estrangeiro (art. 145, CP).

Uma consideração relevante é que, a partir do momento que o Ministério Público oferece a denúncia, a representação torna-se irretratável (art. 102, CP). Portanto, o direito de decidir ou não sobre a promoção da ação acaba com o oferecimento da denúncia.

— 12.1.3 —
Ação exclusivamente privada

Esse é um cenário bastante excepcional - podemos pensá-lo como aplicável aos crimes cujo dano seja muito pessoal e, ao mesmo tempo, não representam uma grande ameaça à coletividade. Podemos considerar que, sempre que uma pessoa pratica um crime contra outra, potencialmente ela poderia praticar contra qualquer outra, mas há uma dose maior de pessoalidade nos casos que encontramos aqui. Essa pessoalidade também pode se traduzir em uma maior exposição da vítima e um desgaste pelo qual ela prefira não passar.

Ação penal

Além disso, a ação privada é uma forma de fazer com que o Ministério Público não precise se preocupar com esses casos e possa direcionar seus esforços a outros. Essa instituição ainda terá sua cota de participação na ação, mas em um papel coadjuvante. Um exemplo de crime sujeito à representação é a injúria (art. 140, CP). Já imaginou se, sempre que uma pessoa fosse injuriada, o Ministério Público tivesse a obrigação legal de denunciar o fato?

Do mesmo modo que acontece nos crimes sujeitos à representação, o CP sempre irá apresentar quais são os crimes de ação exclusivamente privada, com um aviso de que eles só procedem mediante queixa. Podemos pensar, de forma simplificada, que **queixa** e **denúncia** são a mesma coisa: a peça que dá início a uma ação penal. A diferença fundamental é que a primeira é oferecida por particular e a segunda, pelo Ministério Público. Aliás, é importante não confundir a queixa exposta aqui com a popular ideia de *prestar queixa* para as autoridades policiais, a qual daria origem a um inquérito policial e, posteriormente, a uma possível denúncia.

Os casos mais comuns de crimes de ação privada são aqueles contra a honra: calúnia (art. 138), difamação (art. 139) e injúria (art. 140). Além deles, temos no CP o esbulho possessório de propriedade particular sem emprego de violência (art. 161, II, § 3º), dano (art. 163), inclusive quando qualificado "por motivo egoístico" (art. 163, IV), introdução ou abandono de animais em propriedade alheia (art. 164), fraude à execução (art. 179) e exercício arbitrário das próprias razões quando não há emprego de violência (art. 345, parágrafo único).

O direito de queixa obviamente não dura para sempre; há um prazo decadencial de seis meses, conforme o art. 103 do CP. Esse prazo é contado do dia em que a pessoa veio a saber quem praticou o crime, que muitas vezes é o próprio dia em que o crime foi praticado. A mesma regra vale para o direito de representação nas ações condicionadas.

Renúncia ao direito de queixa

É possível abrir mão do direito de queixa, tanto de maneira expressa quanto tácita. Essas possibilidades aparecem no art. 104 do CP. Para que seja feito de maneira tácita, basta que não exerça seu direito de queixa dentro do prazo. Se, por outro lado, o/a ofendido/a quiser renunciar expressamente ao seu direito, poderá fazê-lo por meio de uma declaração assinada por ele/a, por representante legal ou por procurador/a com poderes para isso.

Uma consideração importante é que, conforme o parágrafo único do artigo citado, o recebimento de indenização pelo dano causado não implica renúncia do direito de queixa. Como frisamos diversas vezes, as esferas cível e penal são independentes, e a busca por uma delas não significa nem que seja obrigatório, nem que não seja possível buscar a outra.

Perdão do ofendido

Uma hipótese interessante existente nos casos de ação de iniciativa privada é o chamado "perdão do ofendido". Sua lógica é semelhante à renúncia do direito de queixa, com a diferença fundamental de que a renúncia se exerce antes de instaurada a ação penal e o perdão se exerce depois.

O perdão poderá ser expresso por meio de documento escrito ou tacitamente, quando "resulta da prática de ato incompatível com a vontade de prosseguir na ação" (art. 106, III, § 1º, CP), ou seja, se a parte deixa de se manifestar na ação, por exemplo.

Um ponto muito importante sobre o perdão do ofendido é que se trata de um ato bilateral, ou seja, precisa ser aceito pela pessoa acusada. É claro que você pode estar se perguntando por que motivo alguém recusaria esse perdão, então imaginemos o seguinte: uma pessoa ingressa com uma ação contra outra baseada em um suposto crime de calúnia. Pouco tempo depois, porém, a ingressante vê que não tem meios de provar suas alegações e decide "perdoar" a pessoa acusada a fim de evitar maiores consequências para si. A pessoa acusada, no entanto, pode ter interesse em levar a ação adiante, tanto para provar a própria inocência quanto para voltar-se contra a outra parte no que lhe for de direito. Por esse motivo, o perdão deve ser aceito pela parte à qual foi oferecido. Conforme o art. 106, inciso III, "se o querelado o recusa, não produz efeito".

Outro ponto relevante diz respeito à pluralidade de pessoas tanto na condição de ofendidas quanto na de quereladas. Ainda segundo o art. 106, inciso I, o perdão, "se concedido a qualquer dos querelados, a todos aproveita", evitando a possibilidade do/a querelante fazer um juízo entre os/as acusados/as e decidir perdoar alguém ao mesmo tempo que mantém a ação contra outrem. Com base em um raciocínio semelhante, a lei determina que, "se concedido por um dos ofendidos, não prejudica o direito dos outros" (art. 106, II, CP). Naturalmente, se há mais de uma pessoa ofendida, o fato de uma delas decidir perdoar não poderia obrigar a/as outra/as a fazer o mesmo.

Finalmente, o perdão também tem um prazo em que poderá ser exercido. Após passar em julgado a sentença condenatória, de maneira um tanto lógica, já não é mais possível (art. 106, § 2º, CP).

— 12.1.4 —
Ação privada subsidiária da pública

O art. 100, parágrafo 3º, do CP faz uma previsão interessante: "A ação de iniciativa privada pode intentar-se nos crimes de ação pública, se o Ministério Público não oferece denúncia no prazo legal". O que vemos é uma garantia de que o delito não ficará impune por uma eventual inércia do Ministério Público, permitindo que o particular dê início à ação que originalmente seria pública. Assim como o Ministério Público, a parte ofendida também tem um prazo máximo para agir, que é de seis meses contados do dia em que se esgotou o prazo do Ministério Público para oferecer a denúncia.

Na verdade, essa não é exatamente uma modalidade privada. Como destaca Bitencourt (2020, p. 968), a ação mantém sua natureza pública – é esperado, inclusive, que o Ministério Público assuma sua parte na ação apesar de sua letargia inicial.

— 12.2 —
Para concluir

A ação penal representa um passo civilizatório, e não seremos nós a negar isso, mas é preciso questionar sua existência como ponto de chegada inequívoco de um longo processo evolutivo do direito penal, com suas categorias-estanque carregadas de simplificações grosseiras. De um lado, ela representa uma longa **luta por direitos** e é indispensável ao **Estado Democrático de Direito**. Por outro lado, representa um paradigma insuficiente e deficitário sobre o qual nosso direito penal está construído. Representa o "rigoroso absolutismo jurídico" (Grossi, 2007, p. 101) pós-iluminista que aposta todas as fichas no Estado e no direito positivado, ambos insuficientes para os complexos problemas das sociedades contemporâneas, sobretudo no campo penal.

Da constatação dessa insuficiência é que surgem demandas por um **direito pós-estadualista** em suas mais diversas facetas. Na atualidade, "trabalhar com o direito exige que se assuma que ele é algo de 'local', de plural, de equívoco, sujeito a controvérsias ('opinável', 'argumentável') e ao convívio e à disputa com outras ordens normativas" (Hespanha, 2018). Na seara penal, podemos elencar a chamada *justiça restaurativa*, que ganha cada vez mais adeptos/as, sobretudo por tirar em parte o protagonismo do Estado dado pela ação penal e transferi-lo às partes por outros meios.

Renato Sócrates Gomes Pinto (2005, p. 24) contrapõe os valores da justiça restaurativa aos da tradicional **justiça retributiva**. Entre eles, temos que a primeira preza pelo interesse das pessoas envolvidas e da comunidade, constituindo-se de uma **justiça criminal participativa**; já a segunda conserva o primado do interesse público, consolidando o **monopólio estatal da justiça criminal**.

Como o autor defende, não há incompatibilidade entre um (nem tão) novo modelo restaurativo e o tradicional ordenamento jurídico brasileiro, não existindo violação aos princípios processuais da indisponibilidade e da obrigatoriedade da ação penal pública. Atualmente, a Lei dos Juizados Especiais (Lei n. 9.099, de 26 de setembro de 1995) e o Estatuto da Criança e do Adolescente (Lei n. 8.069, de 13 de julho de 1990), nos casos de infrações cometidas por adolescentes, prezam por esse modelo (Pinto, 2005, p. 29). Entendemos que essas hipóteses poderiam ser expandidas ainda mais.

Precisamos pensar o direito penal para além dos paradigmas da modernidade e suas ferramentas, que cada vez nos atendem menos, o que significa pensar o direito para além do Estado e da norma positivada. Mas talvez ainda não estejamos prontos para essa conversa...

Capítulo 13

Extinção da punibilidade

Como já repetimos algumas vezes até este ponto da obra, a ideia de pena está ancorada na premissa de que o Estado tem o direito de punir quem viole determinadas regras, observados os vários critérios de que estamos tratando. Esse chamado *ius puniendi*, porém, não é ilimitado, e deixará de existir em algumas hipóteses. O art. 107 do CP nos apresenta quais são as hipóteses que extinguem a punibilidade. Vejamos:

> Art. 107 – Extingue-se a punibilidade:
>
> I – pela morte do agente;
>
> II – pela anistia, graça ou indulto;
>
> III – pela retroatividade de lei que não mais considera o fato como criminoso;
>
> IV – pela prescrição, decadência ou perempção;
>
> V – pela renúncia do direito de queixa ou pelo perdão aceito, nos crimes de ação privada;
>
> VI – pela retratação do agente, nos casos em que a lei a admite;
>
> VII – (Revogado pela Lei nº 11.106, de 2005)
>
> VIII – (Revogado pela Lei nº 11.106, de 2005)
>
> IX – pelo perdão judicial, nos casos previstos em lei.

Observe que os incisos VII e VIII foram revogados. Tratava-se das hipóteses de extinção "pelo casamento do agente com a vítima, nos crimes contra os costumes" e "pelo casamento da vítima com terceiro, nos crimes referidos no inciso anterior, se cometidos sem violência real ou grave ameaça e desde que a ofendida não requeira o prosseguimento do inquérito policial ou da ação penal no prazo de 60 (sessenta) dias a contar da celebração". Resquícios, portanto, de um direito penal profundamente misógino e que felizmente foram eliminados, ainda que somente no século XXI, com a Lei n. 11.106, de 28 de março de 2005.

A seguir, veremos cada uma das hipóteses do art. 107 em ordem, exceto pelo inciso IV, que, por sua maior complexidade, deixaremos para o final.

— 13.1 —
Morte do agente

Essa é uma causa bastante óbvia na contemporaneidade, decorrente da própria Constituição Federal, em seu art. 5º, inciso XLV: "nenhuma pena passará da pessoa do condenado". Temos aqui o **princípio da pessoalidade** no direito penal. No entanto, uma hipótese que está presente no mesmo inciso é a de estender a obrigação de reparar o dano e a decretação da perda de bens aos sucessores do indivíduo. Para Bitencourt (2020, p. 977), essa é uma afronta ao mesmo princípio da pessoalidade que o texto consagra. Além disso, os efeitos civis do crime permanecem, sendo transmitidos aos/às herdeiros/as nos limites da herança.

Outro nuance diz respeito à "ressurreição" do agente. Se, por exemplo, alguém forja a própria morte para escapar à Justiça, é possível rever a extinção para punir o delito? Ou o/a acusado/a deverá responder somente pela falsificação? Apesar de certa divergência, entendemos que seja possível desfazer a coisa julgada diante desse quadro excepcional.

Um último problema diz respeito ao instituto da **morte presumida** de que trata o direito civil. Para a maior parte dos penalistas, no entanto, a extinção de punibilidade no direito penal se dá somente mediante certidão de óbito, conforme o art. 62 do CPP, não se aceitando morte presumida.

— 13.2 —
Anistia, graça ou indulto

Anistia, graça e indulto guardam certa semelhança, por isso é importante diferenciar cada um desses conceitos.

A **anistia** é concedida pelo Congresso Nacional, por meio de lei. Ao contrário da graça e do indulto, o foco está nas condutas, e não nos/as agentes. Normalmente, está ligada a crimes políticos, eleitorais ou militares. No direito brasileiro, tivemos a famigerada Lei da Anistia (Lei n. 6.683, de 28 de agosto de 1979), que livrou os agentes da ditadura militar de responderem por seus crimes, incluindo a prática de tortura, desaparecimentos forçados etc. Também cabe lembrar que, em 2010, o STF rejeitou a chance de revisá-la no julgamento da ADPF 153, permitindo que o período de 1964 a 1985 continue projetando suas sombras na atualidade.

A **graça** é o perdão de condenados/as individualmente, concedida por decreto do/a presidente da República. Ela está centrada em crimes comuns e pode ser exercida em circunstâncias excepcionais, mediante o reconhecimento de um erro judiciário ou mesmo como recompensa pelo mérito de um/a condenado/a (por exemplo, que impediu uma rebelião). Ela pode ser requerida pela própria pessoa condenada, pelo Ministério Público, pelo Conselho Penitenciário ou por uma autoridade administrativa. Conforme o art. 192 da LEP, pode extinguir a pena, mas também pode ser apenas comutada.

O **indulto**, por fim, é muito semelhante à graça (tanto que a graça também é conhecida como *indulto individual*), mas é coletivo. No caso brasileiro, esse instituto se concretiza no famoso **indulto natalino**, muitas vezes tratado de forma superficial e desonesta, induzindo as pessoas leigas a erro. O indulto costuma ser editado anualmente por decreto do/a presidente da República próximo ao final de cada ano e estabelece uma série de requisitos para ser concedido. É possível definir requisitos de várias naturezas: com base em certos tipos penais, em quantidade de tempo de pena, nas condições de saúde do/a apenado/a etc. Sua concessão pode (e deve) ser feita de ofício pelo juízo de execução, embora na prática o/a beneficiário/a muitas vezes precise fazer o pedido.

— 13.3 —
Retroatividade de lei que não considera o fato como criminoso

Essa é uma hipótese bastante conhecida, que aparece já no art. 2º do CP:

> Art. 2º. Ninguém pode ser punido por fato que lei posterior deixa de considerar crime, cessando em virtude dela a execução e os efeitos penais da sentença condenatória.

Se determinada conduta deixa de ser crime, nada mais razoável que se extinga a punibilidade de quem respondia por aquele delito. Trata-se da *abolitio criminis*, em "bom latinês".

A exceção diz respeito à ultratividade da lei penal. Conforme o art. 3º do CP:

> Art. 3º. A lei excepcional ou temporária, embora decorrido o período de sua duração ou cessadas as circunstâncias que a determinaram, aplica-se ao fato praticado durante sua vigência.

Apenas para lembrar, essa previsão dá-se por causa de leis que, em razão da curta vigência, não surtiriam quaisquer efeitos se não se procedesse dessa maneira.

— 13.4 —
Renúncia do direito de queixa ou perdão aceito

Essas são possibilidades da ação de iniciativa privada. Falamos nelas no capítulo anterior, quando tratamos dessa espécie de ação penal.

Relembrando: ações de iniciativa privada são hipóteses mais restritas da ação penal, já que, em regra, ela caracteriza-se por iniciativa pública e incondicionada.

Nesses casos excepcionais, pode haver a renúncia do direito de queixa quando a pessoa ofendida deixa de exercê-lo dentro do prazo legal (renúncia tácita) ou quando o faz expressamente, por meio de uma declaração assinada por ela mesma, representante legal ou procurador/a com poderes para tanto.

Há, ainda, as hipóteses em que a legislação permite o chamado *perdão do ofendido*. Ele opera de maneira semelhante à renúncia do direito de queixa, mas em um momento distinto: enquanto a renúncia ocorre antes mesmo de ser instaurada a ação, o perdão do ofendido deve se dar a partir da instauração da ação penal e no máximo até o trânsito em julgado da sentença. Para compreender melhor esses dois institutos, retorne ao ponto 12.1.3, onde falamos da ação penal exclusivamente privada.

— 13.5 —
Retratação do agente

A retratação é o ato de voltar atrás em uma declaração que tenha constituído crime. Suas hipóteses são muito restritas.

A primeira delas encontra-se no art. 143 do CP, permitida nos crimes de calúnia e de difamação. Atente para o fato de que injúria não é passível de retratação, pois não se reputa uma conduta criminosa (calúnia) ou ofensiva à reputação (difamação), mas ofende-se a pessoa por quem ela é. A injúria é, portanto, uma "ofensa ontológica". Nesse caso, o entendimento é de que a retratação não corrigiria o mal causado. Um aspecto interessante do art. 143 é que, conforme seu parágrafo único, caso a calúnia ou a difamação tenha se dado por meios de comunicação, a pessoa ofendida tem o direito de exigir que a retratação seja feita pelos mesmos meios. Não vemos dificuldade em entender *meios de comunicação* de forma bastante ampla, valendo, na contemporaneidade, páginas de internet, redes sociais etc.

A outra hipótese em que é possível a retratação é no crime de falso testemunho ou falsa perícia. Conforme o art. 342, parágrafo 2º, CP, "o fato deixa de ser punível se, antes da sentença no processo em que ocorreu o ilícito, o agente se retrata ou declara a verdade".

— 13.6 —
Perdão judicial

A legislação prevê algumas circunstâncias nas quais é possível que o juízo deixe de aplicar a pena. Para Bitencourt (2020, p. 986), não se trata de uma mera faculdade do/a magistrado/a, mas um direito seu quando presente o requisito legal. Entendemos, portanto, que há um dever de aplicar o perdão ou, se entender que não é possível, o/a juiz/a deverá motivar seu veredito negando o perdão.

A hipótese mais conhecida de perdão judicial é, provavelmente, aquela em que se mata culposamente uma pessoa estimada, por exemplo, quando uma mãe ou um pai ocasiona a morte de um filho. O art. 121, parágrafo 5º, do CP determina que "o juiz poderá deixar de aplicar a pena, se as consequências da infração atingirem o próprio agente de forma tão grave que a sanção penal se torne desnecessária".

Há, ainda, outras hipóteses. A lesão corporal culposa (art. 129, § 8º) é uma delas. Outro caso é a receptação considerada culposa – quando, pela natureza do bem, preço desproporcional ou "condição" de quem oferece, tem origem presumivelmente criminosa (art. 180, § 3º, CP), desde que o/a criminoso/a seja primário/a e as demais circunstâncias permitam (art. 180, § 5º).

A injúria, como falamos anteriormente, não é passível de retratação, mas pode ser perdoada pelo juízo em dois casos: quando o/a ofendido/a a tiver provocado, de forma reprovável (lembre-se do comportamento da vítima mencionado no *caput* do art. 59), ou se ela vier como uma resposta imediata a outra injúria (art. 140, § 1º, I e II).

Uma última hipótese do CP diz respeito à subtração de incapazes. Imaginemos, por exemplo, um pai que não tenha a guarda do filho e queira levá-lo para uma pescaria, mas sabia que a mãe (que detém a guarda) não permitiria, então decide "subtrair" a criança ou adolescente. Desde que ela seja "devolvida sã e salva", a pena não deverá ser aplicada (art. 249, § 2º).

Essas são as hipóteses do CP, mas pode haver outras em legislação especial.

— 13.7 —
Prescrição, decadência ou perempção

Por uma questão de complexidade, iniciemos de trás para frente.

A **perempção** ocorre nos casos em que, na ação de iniciativa privada, o/a autor/a age com descaso, dando início à ação penal e posteriormente se descuidando dela. Conforme o CPP, isso ocorre em quatro casos: a) quando o/a querelante deixar de promover o andamento do processo durante 30 dias seguidos; b) quando o/a querelante falece ou torna-se incapaz e ninguém apto/a a substituí-lo/a se apresenta em 60 dias; c) quando o/a querelante injustificadamente não comparece para qualquer ato do processo em que devesse estar presente ou não formula pedido de condenação do/a acusado/a nas alegações finais; d) quando o/a querelante é pessoa jurídica e se extingue sem deixar sucessor.

A **decadência**, por sua vez, ocorre quando a pessoa perde o direito de ingressar com ação privada. Conforme o art. 103 do CP, ocorre após seis meses contados a partir do dia em que se soube da autoria do crime ou, no caso de ação privada subsidiária da pública, do dia em que acabou o prazo para oferecimento da denúncia pelo Ministério Público, salvo expressa disposição em contrário. Isso é reforçado pelo art. 38 do CPP.

Finalmente, passaremos ao estudo da **prescrição**, que abordaremos separadamente no próximo capítulo.

— 13.8 —
Para concluir

O direito de punir, seja pelo Estado, seja pelo particular, não pode ser exercido ilimitadamente. Razões de segurança jurídica, eficiência e mesmo utilidade e possibilidade de aplicação da pena (e da pretensão punitiva, já que aqui estamos tratando também do processo) exigem que, em algum momento, a pessoa seja deixada em paz para seguir sua vida (ou pelo menos sua morte).

Afinal, já vimos, lá em nossa introdução, que aplicar a pena sem contingência ao delito muito tempo após o evento não serve para alterar o comportamento, ensejando mais fortemente formas de enfrentamento e revolta que qualquer resultado positivo.

A isso prezam-se as causas de extinção da punibilidade: dar limites ao próprio Estado. Não nos esqueçamos, porém, que quem escolhe esses limites é ele próprio, por meio de lei. Assim, a balança sempre pende para um lado – e não é o lado mais fraco!

Capítulo 14

Prescrição

Como já falamos até agora, o *ius puniendi* estatal não é absoluto, perdendo-se em alguns cenários. A prescrição, em uma definição bastante simples, pode ser pensada como a perda do **prazo de validade** para que o Estado exerça seu direito de punir. Nesse sentido, assemelha-se à decadência, com a diferença fundamental de que esta refere-se ao particular e a prescrição, ao Estado.

Existem bons motivos para que esse instituto exista. Um primeiro é que, se decorreu um tempo considerável desde que o crime foi praticado, provavelmente já não faz sentido puni-lo apenas para saciar certo senso de justiça. Em boa parte dos casos, a vítima já nem se lembra do fato ou sente mais os danos causados por ele.

Além disso, é provável que a pessoa acusada pelo crime tenha seguido com sua vida, não tenha praticado outros delitos e viva uma vida normal. Se o principal objetivo da pena é "proporcionar condições para a harmônica integração social do condenado e do internado", conforme o art. 1º da LEP, não faz nenhum sentido tomar uma pessoa plenamente integrada à sociedade e fazê-la passar por todo o desgaste de uma ação criminal e uma eventual punição.

Um terceiro ponto a ser colocado é a dificuldade de conduzir aquela ação. Como bem sabemos, movimentar as engrenagens do Judiciário envolve muitos recursos, custa caro e sobrecarrega um sistema já excessivamente sobrecarregado. É razoável pensar também que, quanto mais passa o tempo, mais difícil fica chegar a uma "verdade processual", pela dificuldade em obter provas, ouvir testemunhas etc. Com isso, são grandes as chances de se empreender um grande esforço que se revelaria inócuo.

Finalmente, a prescrição também é uma maneira de "dar uma lição" ao Estado, que deve assumir a responsabilidade por sua própria inércia. Seria irrazoável dar-lhe um prazo ilimitado para cumprir seu papel. Concordamos que essa é uma razão mais fraca, já que o Estado não sofre qualquer sanção quando não cumpre seu dever.

Você pode pensar, é claro, que crimes muito graves não deveriam prescrever jamais. Usamos aqui o mesmo argumento que empregamos para questionar o aumento das porcentagens de pena a serem cumpridas para fazer jus à progressão de regime: crimes muito graves terão penas muito altas; por consequência, prazos prescricionais ainda mais altos. Atualmente, há apenas duas hipóteses de crimes imprescritíveis, cuja determinação vem da própria Constituição Federal: a prática de racismo e a ação de grupos armados, civis ou militares, contra a ordem constitucional e o Estado Democrático (art. 5º, XLII e XLIV, CF).

A seguir, falaremos das duas grandes espécies de prescrição existentes: a **prescrição da pretensão punitiva** e a **prescrição da pretensão executória**. Antes disso, uma consideração importante: a prescrição é questão de ordem pública, impedindo a análise de mérito do processo, ou seja, uma vez constatada, não há que se examinar os acontecimentos ligados ao delito. Também por se tratar de questão de ordem, pode ser reconhecida de ofício pelo juízo ou a pedido das partes, a qualquer momento do processo, conforme art. 61 do CPP.

— 14.1 —
Prescrição da pretensão punitiva

Trata-se dos casos em que não há uma sentença penal condenatória transitada em julgado, ou seja, uma condenação perante a qual já não se admitem recursos. Como não há uma sentença definitiva, não recai qualquer consequência sobre o/a acusado/a, não podendo ser considerada para fins de reincidência nem mesmo de antecedentes.

Podemos compreender que há três cenários possíveis nessa espécie. Um primeiro, que chamamos *prescrição da pretensão punitiva em abstrato*, no qual não existe nenhuma decisão judicial que condene a pessoa acusada. Nos outros dois casos, já há uma sentença, mas ela ainda não transitou em julgado definitivamente e, portanto, não é final – trata-se das chamadas *prescrição intercorrente ou superveniente* e *prescrição retroativa*. Veremos a seguir cada caso.

— 14.1.1 —
Prescrição da pretensão punitiva em abstrato

Denominamos o primeiro cenário de *prescrição da pretensão punitiva em abstrato*. Nele não há uma sentença, então é preciso fazer uma simulação para se chegar à pena mais grave que poderá ser aplicada em concreto. Em direito penal, geralmente deve prevalecer o cenário mais benéfico à pessoa acusada; nesse caso, porém, prevalece o interesse do Estado em exercer o *ius puniendi*, motivo pelo qual o pior cenário deverá ser considerado. Isso se faz tendo em vista a pena mais alta aplicável, incluindo eventuais majorantes ou minorantes. As majorantes deverão ser aplicadas ao cenário que mais aumente a pena; as minorantes, ao que menos diminua. Agravantes e atenuantes, bem como as circunstâncias judiciais, não entram nesse cálculo, mesmo porque não têm frações predeterminadas pela legislação.

No caso da prescrição em abstrato, a contagem dos prazos inicia conforme determina o art. 111 do CP. Em regra, parte-se do dia em que o crime foi praticado. Em se tratando de tentativa, no dia em que ela cessou; nos crimes permanentes (como sequestro), no dia em que cessou a permanência. Exceções são os crimes de bigamia (art. 235, CP) e supressão ou alteração de assentamento do registro civil (art. 242, CP), que contam a partir da data em que o fato se tornou conhecido. Outra exceção diz respeito aos crimes contra a dignidade sexual de crianças e adolescentes, que irão contar a partir de quando a vítima completar 18 anos, a menos que a ação penal tenha sido proposta antes.

Prescrição intercorrente ou superveniente

Conforme acabamos de ver, fazemos uma projeção da quantidade de pena sempre que não existe uma sentença condenatória na qual possamos nos basear. Portanto, se essa sentença já existe, não há motivos para calcularmos uma pena em abstrato, certo? É o que ocorre na hipótese da prescrição intercorrente ou superveniente. Note que ainda estamos falando em pretensão punitiva, e não executória. Isso porque não há trânsito em julgado definitivo (para ambas as partes) da sentença. Conforme o art. 110, parágrafo 1º, do CP:

> A prescrição, depois da sentença condenatória com trânsito em julgado para a acusação ou depois de improvido seu recurso, regula-se pela pena aplicada, não podendo, em nenhuma hipótese, ter por termo inicial data anterior à da denúncia ou queixa.

O que acontece nesse caso é que temos uma pena cominada, a qual utilizamos como base para calcular a prescrição. Temos também trânsito em julgado, mas somente para a acusação. Nesse cenário, o prazo prescricional não será contado a partir da data do fato, e sim da data da sentença condenatória. Se, após a sentença condenatória, decorrer o prazo prescricional antes que haja uma nova decisão (de recurso da defesa), terá havido a prescrição.

Prescrição retroativa

Finalmente, temos a possibilidade de prescrição retroativa. Como dissemos, o cálculo em abstrato é feito considerando o pior cenário possível para o acusado. Imaginemos, no entanto, que a pena cominada na sentença condenatória foi muito inferior à pena em abstrato (a pena em abstrato era de quatro anos, e a pena em concreto foi de um ano, por exemplo). Isso faz com que, em abstrato, o crime ainda não estivesse prescrito, mas, diante da pena em concreto, possa se verificar a prescrição.

Nesse caso, uma vez esgotados os recursos da acusação, poderá ser verificada a prescrição retroativa, contada de trás para frente, entre a sentença ou o acórdão e a data de recebimento da denúncia ou queixa. O juízo de primeira instância ou tribunal irá determinar a pena e, não havendo mais recursos de acusação, verificada a prescrição, será extinta a punibilidade.

— 14.2 —
Prescrição da pretensão executória

A prescrição da pretensão executória está presente quando já existe uma pena definitiva e irrecorrível. Por esse motivo, o que o Estado deseja é executar essa sentença, e para isso também terá um prazo máximo. Nesse cenário, o termo inicial da prescrição é alterado, conforme o art. 112 do CP, começando a contar:

> I – do dia em que transita em julgado a sentença condenatória, para a acusação, ou a que revoga a suspensão condicional da pena ou o livramento condicional;
>
> II – do dia em que se interrompe a execução, salvo quando o tempo da interrupção deva computar-se na pena.

Essa segunda hipótese será esclarecida logo adiante, ao tratarmos das causas interruptivas da prescrição.

Há uma diferença fundamental entre os casos que vimos anteriormente e a hipótese presente. Como dissemos, a prescrição da pretensão punitiva elimina todos os efeitos do crime, tendo em vista não existir uma decisão definitiva sobre o caso. No caso da prescrição da pretensão executória, já não se põe em dúvida a culpabilidade do/a agente; por esse motivo, embora não seja mais possível a aplicação da pena, os demais efeitos da condenação permanecem.

— 14.3 —
Prazos e outras especificidades da prescrição

Qualquer que seja a espécie da prescrição, consideram-se os prazos estabelecidos pelo art. 109 do CP, conforme reproduzimos no quadro a seguir.

Quadro 14.1 – Prazos prescricionais conforme art. 109 do Código Penal

Quantidade de pena privativa de liberdade	Prazo prescricional
Até 1 ano	3 anos
Igual a 1 ano ou até 2 anos	4 anos
Superior a 2 anos até 4 anos	8 anos
Superior a 4 anos até 8 anos	12 anos
Superior a 8 anos até 12 anos	16 anos
Superior a 12 anos	20 anos

Fonte: Elaborado com base em Brasil, 1940.

Conforme o parágrafo único do mesmo artigo, verificamos que as penas restritivas de direito prescrevem de acordo com os mesmos prazos, até porque são penas substitutivas, calculadas com base nas penas privativas de liberdade. Já no caso de pena de multa, conforme o art. 114 do CP, a prescrição ocorrerá em dois anos se a multa for a única pena estabelecida ou no mesmo prazo da pena privativa de liberdade se aplicada conjuntamente a ela.

Os prazos prescricionais reproduzidos no quadro anterior podem ser aumentados ou diminuídos de acordo com certos critérios. Quando há trânsito em julgado da sentença condenatória, o prazo será aumentado em um terço no caso de condenado/a reincidente (art. 110, CP). Há também a possibilidade de reduzir pela metade os prazos prescricionais, em qualquer caso, se a pessoa era menor de 21 anos na data do crime ou maior de 70 anos na data da sentença (art. 115, CP).

Uma hipótese que não é exatamente de redução do prazo prescricional (até porque não faria sentido), mas de alteração de sua base de cálculo, corresponde aos casos de evasão do/a condenado/a ou revogação do livramento condicional. Conforme a regra do art. 113 do CP, ela será regulada pelo tempo de pena a cumprir.

A prescrição também terá uma especificidade no caso de concurso de crimes. Poderíamos pensar que valerá também a pena total reconhecida na sentença, mas o CP dispõe em contrário. De acordo com o art. 119, "a extinção da punibilidade incidirá sobre a pena de cada um, isoladamente", o que faz com que a prescrição opere para cada um dos delitos que compõem o concurso, inclusive no caso de crime continuado. Convém mencionarmos a Súmula n. 497 do STF, segundo a qual "quando se tratar de crime continuado, a prescrição regula-se pela pena imposta na sentença, não se computando o acréscimo decorrente da continuação".

— 14.4 —
Causas impeditivas e interruptivas da prescrição

Os arts. 116 e 117 do CP tratam das causas impeditivas e interruptivas da prescrição. No primeiro caso, há uma suspensão da contagem, que continuará de onde parou no momento que se resolver a situação prevista; no segundo, o curso da prescrição é interrompido, e sua contagem começará do zero. Vejamos as hipóteses de cada artigo:

Causas impeditivas da prescrição

Art. 116 – Antes de passar em julgado a sentença final, a prescrição não corre:

I – enquanto não resolvida, em outro processo, questão de que dependa o reconhecimento da existência do crime;

II - enquanto o agente cumpre pena no exterior;

III - na pendência de embargos de declaração ou de recursos aos Tribunais Superiores, quando inadmissíveis; e

IV - enquanto não cumprido ou não rescindido o acordo de não persecução penal.

Parágrafo único - Depois de passada em julgado a sentença condenatória, a prescrição não corre durante o tempo em que o condenado está preso por outro motivo.

Causas interruptivas da prescrição

Art. 117 - O curso da prescrição interrompe-se:

I - pelo recebimento da denúncia ou da queixa;

II - pela pronúncia;

III - pela decisão confirmatória da pronúncia;

IV - pela publicação da sentença ou acórdão condenatórios recorríveis;

V - pelo início ou continuação do cumprimento da pena;

VI - pela reincidência.

§ 1º - Excetuados os casos dos incisos V e VI deste artigo, a interrupção da prescrição produz efeitos relativamente a todos os autores do crime. Nos crimes conexos, que sejam objeto do mesmo processo, estende-se aos demais a interrupção relativa a qualquer deles.

§ 2º - Interrompida a prescrição, salvo a hipótese do inciso V deste artigo, todo o prazo começa a correr, novamente, do dia da interrupção. (grifo do original)

— 14.5 —
Para concluir: síntese das espécies de prescrição

Como essas regras são compreendidas melhor quando podem ser visualizadas, elaboramos um quadro da linha do tempo de cada espécie de prescrição. Vejamos:

Quadro 14.2 – Espécies de prescrição e suas regras

Prescrição da pretensão punitiva			Prescrição da pretensão executória
Em abstrato	Intercorrente ou superveniente	Retroativa	
Contada entre a data do fato (ou outras hipóteses do art. 111, CP) e o recebimento da denúncia ou queixa.	Contada a partir da sentença condenatória.	Contada retroativamente a partir da sentença ou do acórdão.	Contada conforme os incisos do art. 112, CP[1].
A base de cálculo será a máxima pena em abstrato.	A base de cálculo será a pena definida em concreto.	A base de cálculo será a pena definida em concreto.	A base de cálculo será, em regra[2], a pena definida na sentença transitada em julgado.

Notas:

[1] Do trânsito em julgado da sentença condenatória para a acusação ou da revogação da suspensão condicional da pena ou livramento condicional; ou da interrupção conforme as regras do art. 117, CP.

[2] Uma exceção é quando há evasão ou revogação do livramento condicional.

Considerações finais

Os saberes penais são uma espécie de ciência do horror, pois se instituem para endereçar questões repugnantes da sociedade, como homicídios, estupros e extorsões mediante sequestro. Mas, por fim, se expandem como uma bolha estranha até abarcar todo e cada um dos tecidos sociais que nos conduzem – e escolher prender não pela gravidade do crime, mas pelo endereço do criminoso. Se todos e todas cometemos crimes, por que só uma parte de nós sofre as consequências, infernais, do pesado sistema penal sobre si? O que ele quer? A que se dirige?

Por isso, além de todos os conhecimentos visitados nesta obra, convidamos você a ler e estudar o que as outras humanidades dizem sobre o sistema carcerário, sobre as relações de força e autoridade que se estabelecem em nossa sociedade. Pedagogia, psicologia, ciências sociais, antropologia, história... o que esses saberes têm a denunciar sobre nós e nossa história?

O direito penal não é o que parece ser e muito menos o que diz ele próprio ser. É um aparato imenso e corrosivo dedicado a uma economia da dor e a administrar corpos para seus lugares sociais. Conhecê-lo, porém, mesmo em suas disposições mais incoerentes e indefensáveis, é o primeiro passo para refletirmos sobre ele e mudarmos sua relação com o resto do mundo – agindo.

Cada processo, cada livro, cada artigo, cada sentença e cada discussão de bar sobre o direito penal é uma batalha pela vida humana, pela dignidade e pelo respeito à diferença. Pelo direito de existir, seja da vítima, seja também do/a réu/ré. Pelo direito de andar por aí sem medo de morrer ou ser estuprada/o, pelo direito de andar por aí sem carregar a nota fiscal de seus pertences pessoais. Pelo direito de se vestir como quer sem ser incomodado/a por isso; pelo direito de falar e existir politicamente, com corpos variados que nem sempre se encaixam nas definições de macho e fêmea, de mocinho e vilão, de donzela ou bruxa.

E ainda que isso tenha algo de poético e fascinante, de atraente ou digno, devemos lembrar que o direito penal, além de aparência, também tem cheiro. Entrar em uma prisão tem cheiro, cheiro de pessoa, claro, mas comumente também cheiro de cozinha, esgoto, barata, rato e algo mais que não saberíamos dizer bem o que é. Cheiro de indiferença, talvez?

E fica sob nossos narizes.

Quem opera o direito sabe de suas mazelas e, não raro, se deixa abater diante delas. Buscamos o conforto repetindo adágios do tipo "não precisamos de um direito penal melhor, mas de algo melhor que o direito penal". Ou algo assim. E assim nos livramos do peso na consciência, convencendo a nós mesmos/as de que um dia lidaremos com o desvio de outra maneira. Um dia...

Enquanto esse dia não chega, continuamos em nossas mesas e **eles/as** em suas celas. Não raro, alguém alheio ao direito o capta melhor do que os seus operadores, que tendem a só enxergá-lo "de dentro". Uma dessas pessoas, Michel de Certeau, nos dá um recado incômodo, mas indispensável: "Seja como for, sempre é verdade que a lei se escreve sobre os corpos. Ela se grava nos pergaminhos feitos com a pele dos seus súditos. Ela os articula em um corpo jurídico. Com eles faz o seu livro" (Certeau, 1998, p. 231).

E o faz graças as nossas canetas e *tokens*. Devidamente certificados.

Referências

ALVAREZ, M. C. A formação da modernidade penal no Brasil: bacharéis, juristas e a criminologia. In: FONSECA, R. M.; SEELANDER, A. C. L. (Org.). **História do direito em perspectiva**. Curitiba: Juruá, 2008. p. 287-304.

AMARANTE, P.; TORRE, E. H. G. "De volta à cidade, sr. cidadão!": reforma psiquiátrica e participação social – do isolamento institucional ao movimento antimanicomial. **Revista de Administração Pública**, Rio de Janeiro, v. 52, n. 6, p. 1090-1107, nov./dez. 2018. Disponível em: <https://www.scielo.br/scielo.php?script=sci_arttext&pid=S0034-76122018000601090>. Acesso em: 19 maio 2021.

ANDRADE, V. R. P. de. **A ilusão de segurança jurídica**: do controle da violência à violência do controle penal. 3. ed. rev. Porto Alegre: Livraria do Advogado, 2015.

ANITUA, G. I. **Histórias dos pensamentos criminológicos**. Rio de Janeiro: Revan, 2008.

ARBEX, D. **Holocausto brasileiro**: genocídio, 60 mil mortos no maior hospício do Brasil. Rio de Janeiro: Intrínseca, 2019.

BANDEIRA, M.; CAMURI, A. C.; NASCIMENTO, A. Exame criminológico: uma questão ética para a psicologia e para os psicólogos. **Mnemosine**, v. 7, n. 1, p. 27-61, 2011. Disponível em: <https://www.e-publicacoes.uerj.br/index.php/mnemosine/article/view/41486/pdf_198>. Acesso em: 19 maio 2021.

BARATTA, A. **Criminologia crítica e crítica do direito penal**. Rio de Janeiro: Revan, 2013.

BARROSO, L. R. **A dignidade da pessoa humana no direito constitucional contemporâneo**: natureza jurídica, conteúdos mínimos e critérios de aplicação. Versão provisória para debate público. dez. 2010. Mimeografado.

BECCARIA, C. **Dos delitos e das penas**. São Paulo: Edipro, 2015.

BITENCOURT, C. R. **Falência da pena de prisão**: causas e alternativas. São Paulo: Saraiva, 2011.

BITENCOURT, C. R. **Tratado de Direito Penal 1**: parte geral. São Paulo: Saraiva, 2020.

BOBBIO, N. **Teoria do ordenamento jurídico**. 6. ed. Brasília: Ed. da UnB, 1995.

BOECHAT, Y. Vida na periferia de São Paulo é em média até 23 anos mais curta. **DW Brasil**, 28 nov. 2018. Disponível em: <https://www.dw.com/pt-br/vida-na-periferia-de-s%C3%A3o-paulo-%C3%A9-em-m% C3%A9dia-at%C3%A9-23-anos-mais-curta/a-46482101>. Acesso em: 19 maio 2021.

BRASIL. Câmara dos Deputados. Decreto-Lei n. 2.848, de 7 de dezembro de 1940: exposição de motivos. **Diário do Congresso Nacional**, seção 1, suplemento A, 1º jul. 1983a. Disponível em: <https://www2.camara.leg.br/legin/fed/declei/1940-1949/decreto-lei-2848-7-dezembro-1940-412868-exposicaodemotivos-148972-pe.html>. Acesso em: 19 maio 2021.

BRASIL. Câmara dos Deputados. Lei n. 7.210, de 11 de julho de 1984: exposição de motivos. **Diário do Congresso Nacional**, seção 1, suplemento B, 1º jul. 1983b. Disponível em: <https://www2.camara.leg.br/legin/fed/lei/1980-1987/lei-7210-11-julho-1984-356938-exposicaodemotivos-149285-pl.html>. Acesso em: 19 maio 2021.

BRASIL. **Carta de Lei de 25 de Março de 1824**. Disponível em: <http://www.planalto.gov.br/ccivil_03/constituicao/constituicao24.htm>. Acesso em: 19 maio 2021.

BRASIL. Constituição (1988). **Diário Oficial da União, Brasília**, DF, 5 out. 1988. Disponível em: <http://www.planalto.gov.br/ccivil_03/constituicao/constituicao.htm>. Acesso em: 19 maio 2021.

BRASIL. Decreto n. 678, de 6 de novembro de 1992. **Diário Oficial da União**, Brasília, DF, 6 nov. 1992. Disponível em: <https://www.camara.leg.br/proposicoesWeb/prop_mostrarintegra?codteor=315848>. Acesso em: 19 maio 2021.

BRASIL. Decreto n. 6.949, de 25 de agosto de 2009. **Diário Oficial da União**, Brasília, DF, 26 ago. 2009a. Disponível em: <http://www.planalto.gov.br/ccivil_03/_ato2007-2010/2009/decreto/d6949.htm>. Acesso em: 19 maio 2021.

BRASIL. Decreto-Lei n. 1.001, de 21 de outubro de 1969. **Diário Oficial da União**, Brasília, DF, 21 out. 1969. Disponível em: <http://www.planalto.gov.br/ccivil_03/decreto-lei/del1001.htm#>. Acesso em: 19 maio 2021.

BRASIL. Decreto-Lei n. 2.848, de 7 de dezembro de 1940. **Diário Oficial da União**, Brasília, DF, 31 dez. 1940. Disponível em: <http://www.planalto.gov.br/ccivil_03/decreto-lei/del2848compilado.htm>. Acesso em: 19 maio 2021.

BRASIL. Decreto-Lei n. 3.688, de 3 de outubro de 1941. **Diário Oficial da União**, Brasília, DF, 3 out. 1941a. Disponível em: <http://www.planalto.gov.br/ccivil_03/Decreto-Lei/Del3688.htm>. Acesso em: 19 maio 2021.

BRASIL. Decreto-Lei n. 3.689, de 3 de outubro de 1941. **Diário Oficial da União**, Brasília, DF, 3 out. 1941b. Disponível em: <http://www.planalto.gov.br/ccivil_03/decreto-lei/del3689.htm>. Acesso em: 19 maio 2021.

BRASIL. Decreto n. 6.049, de 27 de fevereiro de 2007. **Diário Oficial da União**, Brasília, DF, 28 fev. 2007. Disponível em: <http://www.planalto.gov.br/ccivil_03/_ato2007-2010/2007/decreto/d6049.htm>. Acesso em: 19 maio 2021.

BRASIL. Lei n. 3.071, de 1º de janeiro de 1916. **Coleção de Leis do Brasil**, Brasília, DF, 5 jan. 1916. Disponível em: <http://www.planalto.gov.br/ccivil_03/leis/l3071.htm>. Acesso em: 19 maio 2021.

BRASIL. Lei n. 7.209, de 11 de julho de 1984. **Diário Oficial da União**, Brasília, DF, 13 jul. 1984a. Disponível em: <https://www.legisweb.com.br/legislacao/?id=82614>. Acesso em: 19 maio 2021.

BRASIL. Lei n. 7.210, de 11 de julho de 1984. **Diário Oficial da União**, Brasília, DF, 13 jul. 1984b. Disponível em: <http://www.planalto.gov.br/ccivil_03/leis/l7210.htm>. Acesso em: 19 maio 2021.

BRASIL. Lei n. 7.565, de 19 de dezembro de 1986. **Diário Oficial da União**, Brasília, DF, 23 dez. 1986. Disponível em: <http://www.planalto.gov.br/ccivil_03/leis/L7565.htm>. Acesso em: 19 maio 2021.

BRASIL. Lei n. 8.072, de 25 de julho de 1990. **Diário Oficial da União**, Brasília, DF, 26 jul. 1990. Disponível em: <http://www.planalto.gov. br/ccivil_03/leis/l8072.htm>. Acesso em: 19 maio 2021.

BRASIL. Lei n. 9.099, de 26 de setembro de 1995. **Diário Oficial da União**, Brasília, DF, 27 set. 1995. Disponível em: <http://www.planalto.gov. br/ccivil_03/leis/l9099.htm>. Acesso em: 19 maio 2021.

BRASIL. Lei n. 9.605, de 12 de fevereiro de 1998. **Diário Oficial da União**, Brasília, DF, 12 fev. 1998a. Disponível em: <http://www.planalto.gov. br/ccivil_03/leis/l9605.htm>. Acesso em: 19 maio 2021.

BRASIL. Lei n. 9.614, de 5 de março de 1998. **Diário Oficial da União**, Brasília, DF, 6 mar. 1998b. Disponível em: <http://www.planalto.gov. br/ccivil_03/leis/l9614.htm>. Acesso em: 19 maio 2021.

BRASIL. Lei n. 9.714, de 25 de novembro de 1998. **Diário Oficial da União**, Brasília, DF, 26 nov. 1998c. Disponível em: <http://www.planalto.gov. br/ccivil_03/leis/l9714.htm>. Acesso em: 19 maio 2021.

BRASIL. Lei n. 10.216, de 6 de abril de 2001. **Diário Oficial da União**, Brasília, DF, 9 abr. 2001. Disponível em: <http://www.planalto.gov. br/ccivil_03/leis/leis_2001/l10216.htm>. Acesso em: 19 maio 2021.

BRASIL. Lei n. 10.792, de 1º de dezembro de 2003. **Diário Oficial da União**, Brasília, DF, 2 dez. 2003. Disponível em: <http://www.planalto.gov. br/ccivil_03/LEIS/2003/L10.792.htm>. Acesso em: 19 maio 2021.

BRASIL. Lei n. 11.340, de 7 de agosto de 2006. **Diário Oficial da União**, Brasília, DF, 7 ago. 2006a. Disponível em: <http://www.planalto. gov.br/ccivil_03/_Ato2004-2006/2006/Lei/L11340.htm>. Acesso em: 19 maio 2021.

BRASIL. Lei n. 11.343, de 23 de agosto de 2006. **Diário Oficial da União**, Brasília, DF, 24 ago. 2006b. Disponível em: <http://www.planalto. gov.br/ccivil_03/_Ato2004-2006/2006/Lei/L11343.htm>. Acesso em: 19 maio 2021.

BRASIL. Lei n. 11.942, de 28 de maio de 2009. **Diário Oficial da União**, Brasília, DF, 29 maio 2009b. Disponível em: <http://www.planalto.gov.br/ccivil_03/_ato2007-2010/2009/lei/l11942.htm#:~:text=D%C3%A1%20nova%20reda%C3%A7%C3%A3o%20aos%20arts,nascidos%20condi%C3%A7%C3%B5es%20m%C3%ADnimas%20de%20assist%C3%AAncia.>. Acesso em: 19 maio 2021.

BRASIL. Lei n. 12.258, de 15 de junho de 2010. **Diário Oficial da União**, Brasília, DF, 16 jun. 2010a. Disponível em: <http://www.planalto.gov.br/ccivil_03/_Ato2007-2010/2010/Lei/L12258.htm#:~:text=LEI%20N%C2%BA%2012.258%2C%20DE%2015%20DE%20JUNHO%20DE%202010.&text=Altera%20o%20Decreto%2DLei%20n,nos%20casos%20em%20que%20especifica.>. Acesso em: 19 maio 2021.

BRASIL. Lei n. 12.433, de 29 de junho de 2011. **Diário Oficial da União**, Brasília, DF, 30 jun. 2011a. Disponível em: <http://www.planalto.gov.br/ccivil_03/_ato2011-2014/2011/lei/l12433.htm>. Acesso em: 19 maio 2021.

BRASIL. Lei n. 12.736, de 30 de novembro de 2012. **Diário Oficial da União**, Brasília, DF, 3 dez. 2012. Disponível em: <http://www.planalto.gov.br/ccivil_03/_ato2011-2014/2012/lei/l12736.htm>. Acesso em: 19 maio 2021.

BRASIL. Lei n. 13.964, de 24 de dezembro de 2019. **Diário Oficial da União**, Brasília, DF, 24 dez. 2019a. Edição extra. Disponível em: <http://www.planalto.gov.br/ccivil_03/_Ato2019-2022/2019/Lei/L13964.htm>. Acesso em: 24 dez. 2019.

BRASIL. Ministério da Justiça. **Infopen**: levantamento nacional de informações penitenciárias — junho de 2019. Brasília: Departamento Penitenciário Nacional, 2019b. Disponível em: <http://dados.mj.gov.br/dataset/infopen-levantamento-nacional-de-informacoes-penitenciarias>. Acesso em: 19 maio 2021.

BRASIL. Superior Tribunal de Justiça. Recurso Especial n. 1.699.665-PR. **Diário da Justiça Eletrônico**, 15 ago. 2018. Disponível em: <https://stj.jusbrasil.com.br/jurisprudencia/613215289/recurso-especial-resp-1699665-pr-2017-0241147-9/relatorio-e-voto-613215317>. Acesso em: 19 maio 2021.

BRASIL. Superior Tribunal de Justiça. Súmula n. 231. **Diário de Justiça**, 15 out. 1999. Disponível em: <https://www.stj.jus.br/docs_internet/revista/eletronica/stj-revista-sumulas-2011_17_capSumula231.pdf>. Acesso em: 19 maio 2021.

BRASIL. Superior Tribunal de Justiça. Súmula n. 444. **Diário da Justiça Eletrônico**, 13 maio 2010b. Disponível em: <https://scon.stj.jus.br/SCON/sumanot/toc.jsp>. Acesso em: 19 maio 2021.

BRASIL. Superior Tribunal de Justiça. Súmula n. 527. **Diário da Justiça Eletrônico**, 18 maio 2015a. Disponível em: <https://scon.stj.jus.br/SCON/sumulas/doc.jsp?livre=@num=%27527%27>. Acesso em: 31 mar. 2021.

BRASIL. Superior Tribunal de Justiça. Súmula n. 588. **Diário da Justiça Eletrônico**, 18 set. 2017. Disponível em: <https://scon.stj.jus.br/SCON/sumanot/toc.jsp?livre=(sumula%20adj1%20%27588%27).sub.#TIT1TEMA0>. Acesso em: 28 mar. 2021.

BRASIL. Supremo Tribunal Federal. **Arguição de Descumprimento de Preceito Fundamental 153 (ADPF 153)**. 5 ago. 2010c. Disponível em: <https://redir.stf.jus.br/paginadorpub/paginador.jsp?docTP=AC&docID=612960>. Acesso em: 19 maio 2021.

BRASIL. Supremo Tribunal Federal. **Arguição de Descumprimento de Preceito Fundamental 347 (ADPF 347)**. 1º jun. 2015b. Disponível em: <http://portal.stf.jus.br/processos/detalhe.asp?incidente=4783560>. Acesso em: 27 mar. 2021.

BRASIL. Supremo Tribunal Federal. **Arguição de Descumprimento de Preceito Fundamental 236 (ADPF 236)**. 16 jun. 2011b. Disponível em: <http://portal.stf.jus.br/processos/detalhe.asp?incidente=4097444>. Acesso em: 28 mar. 2021.

BRASIL. Supremo Tribunal Federal. Habeas Corpus n. 84.219. **Diário de Justiça**, 23 set. 2005. Disponível em: <https://stf.jusbrasil.com.br/jurisprudencia/763647/habeas-corpus-hc-84219-sp/inteiro-teor-100479808>. Acesso em: 25 mar. 2021.

BRASIL. Supremo Tribunal Federal. **Informativo n. 563**. Brasília, DF, 13-16 out. 2009c. Disponível em: <http://www.stf.jus.br/arquivo/informativo/documento/informativo563.htm>. Acesso em: 29 mar. 2021.

BRASIL. Supremo Tribunal Federal. **Recurso Extraordinário n. 628.658**. Rio Grande do Sul. 5 nov. 2015c. Disponível em: <http://redir.stf.jus.br/paginadorpub/paginador.jsp?docTP=TP&docID=10624747#:~:text=Sendo%20a%20medida%20de%20seguran%C3%A7a,tempo%20exigido%20para%20o%20indulto.&text=Supremo%20Tribunal%20Federal-,Documento%20assinado%20digitalmente%20conforme%20MP%20n%C2%B0%202.200%2D2%2F2001,P%C3%BAblicas%20Brasileira%20%2D%20ICP%2DBrasil>. Acesso em: 19 maio 2021.

BRASIL. Supremo Tribunal Federal. Súmula n. 497. **Diário da Justiça Eletrônico**, 5 nov. 2014. Disponível em: <http://www.stf.jus.br/portal/jurisprudencia/menuSumarioSumulas.asp?sumula=2108>. Acesso em: 19 maio 2021.

BRASIL. Supremo Tribunal Federal. Súmula Vinculante n. 56. **Diário da Justiça Eletrônico**, 8 ago. 2016. Disponível em: <http://www.stf.jus.br/portal/jurisprudencia/menuSumario.asp?sumula=3352>. Acesso em: 19 maio 2021.

BRETAS, M. et al. **História das prisões no Brasil**. Rio de Janeiro: Anfiteatro, 2017. v. 1.

BRITTO, R. C. **Internação psiquiátrica involuntária e a Lei 10.216/01**: reflexões acerca da garantia de proteção aos direitos da pessoa com transtorno mental. 2004. Dissertação (Mestrado em Saúde Pública) – Fundação Oswaldo Cruz, Rio de Janeiro, 2004. Disponível em: <https://thesis.icict.fiocruz.br/pdf/brittorcm.pdf>. Acesso em: 19 maio 2021.

BRUM, E. Prefácio. In: ARBEX, D. **Holocausto brasileiro**: genocídio, 60 mil mortos no maior hospício do Brasil. Rio de Janeiro: Intrínseca, 2019.

BUENO, S.; LIMA, R. S. de (Coord.). **Anuário Brasileiro de Segurança Pública 2019**. São Paulo: Fórum Brasileiro de Segurança Pública, 2019. Disponível em: <http://www.forumseguranca.org.br/wp-content/uploads/2020/03/Anuario-2019-FINAL_21.10.19.pdf>. Acesso em: 19 maio 2021.

BUENO, S.; PEREIRA, C.; NEME, C. A invisibilidade da violência sexual no Brasil. In: BUENO, S.; LIMA, R. S. de (Coord.). **Anuário Brasileiro de Segurança Pública 2019**. São Paulo: Fórum Brasileiro de Segurança Pública, 2019. Disponível em: <http://www.forumseguranca.org.br/wp-content/uploads/2020/03/Anuario-2019-FINAL_21.10.19.pdf>. Acesso em: 19 maio 2021. p. 116-145.

BUSATO, P. C. **Direito penal**: parte geral. São Paulo: Atlas, 2020.

BUSATO, P. C. **Fundamentos para um direito penal democrático**. São Paulo: Atlas, 2015.

BUSATO, P. C. Regime disciplinar diferenciado como produto de um direito penal do inimigo. **Revista de Estudos Criminais**, Porto Alegre, v. 14, p. 140, 2004.

BYRD, B. S. Kant's Theory of Punishment: Deterrence in its Threat, Retribution in its Execution. **Law and Philosophy**, n. 8, p. 151-200, 1989.

CAPPELLETTI, M.; GARTH, B. **Acesso à Justiça**. Porto Alegre: Fabris, 1988.

CARVALHO, S. de. **Penas e medidas de segurança no direito penal brasileiro**. São Paulo: Saraiva, 2020.

CARVALHO, S. Critérios para cálculo da pena-base: "ponto de partida", "termo médio" e regras de quantificação. **Revista dos Tribunais**, v. 978, 2017. Disponível em: <https://www.researchgate.net/publication/335058335_Criterios_para_Calculo_da_Pena-Base_ponto_de_partida_termo_medio_e_regras_de_quantificacao>. Acesso em: 19 maio 2021.

CERTEAU, M. de. **A invenção do cotidiano**. Petrópolis: Vozes, 1998.

CHERNICHARO, L. P. **Sobre mulheres e prisões**: seletividade de gênero e crime de tráfico de drogas no Brasil. 2014. Dissertação (Mestrado em Direito) – Universidade Federal do Rio de Janeiro, Rio de Janeiro, 2014. Disponível em: <http://www.neip.info/upd_blob/0001/1565.pdf>. Acesso em: 19 maio 2021.

CNJ – Conselho Nacional de Justiça. Recomendação n. 44, de 26 de novembro de 2013. **Diário da Justiça Eletrônico**, 27 nov. 2013. Disponível em: <https://atos.cnj.jus.br/files//recomendacao/recomendacao_44_26112013_27112013160533.pdf>. Acesso em: 19 maio 2021.

CNJ – Conselho Nacional de Justiça. **Regras de Bangkok**: regras das Nações Unidas para o tratamento de mulheres presas e medidas não privativas de liberdade para mulheres infratoras. Brasília: CNJ, 2016. (Série Tratados Internacionais de Direitos Humanos). Disponível em: <https://www.cnj.jus.br/wp-content/uploads/2019/09/cd8bc11ffdcbc397c32eecdc40afbb74.pdf>. Acesso em: 19 maio 2021.

COSTA, P. 'Dizer a verdade': uma missão impossível para a historiografia? **História do Direito**, Curitiba, v. 1, n. 1, p. 250-273, jul./dez. 2020. Disponível em: <https://revistas.ufpr.br/historiadodireito/article/view/78730>. Acesso em: 19 maio 2021.

DAVIS, N. Z. **O retorno de Martin Guerre**. Rio de Janeiro: Paz & Terra, 1987.

DELIMA, A. A. **Criminalização da loucura**: uma análise a partir do Complexo Médico Penal do Paraná. 2016. Trabalho de Conclusão de Curso (Bacharelado em Direito) - Universidade Federal do Paraná, Curitiba, 2016. Disponível em: <https://acervodigital.ufpr.br/bitstream/handle/1884/46443/144.pdf?sequence=1&isAllowed=y>. Acesso em: 19 maio 2021.

DIAS, R. F. **Pensamento criminológico na Primeira República**: o Brasil em defesa da sociedade. 441 f. Tese (Doutorado em Direito) - Universidade Federal do Paraná/Università Degli Studi di Firenze, Curitiba/Florença, 2015. Disponível em: <https://acervodigital.ufpr.br/bitstream/handle/1884/40475/R%20-%20T%20-%20REBECA%20FERNANDES%20DIAS.pdf?sequence=2&isAllowed=y>. Acesso em: 19 maio 2021.

DORATIOTO, F. **Maldita guerra**: nova história da Guerra do Paraguai. São Paulo: Companhia das Letras, 2002.

FERRI, E. **Conferenza del Professore Enrico Ferri nell'Università Di Napoli**. Napoli: Libraio, 1885.

FERRI, E. **Sociologia criminale**. 3 ed. Torino: Fratelli Bocca, 1892.

FEUERBACH, P. J. A. R. von. **Tratado de derecho penal**. Buenos Aires: Hammurabi, 2007.

FEUERBACH, P. J. A. R. von. Lehrbuch des gemeinen in Deutschland geltenden Peinlichen Rechts. Giessen, 1801.

FIGUEIREDO, M. P. V. **Nêmesis**: o papel da vingança no direito penal. 220 f. Tese (Doutorado em Direito) - Pontifícia Universidade Católica, São Paulo, 2014. Disponível em: <https://sapientia.pucsp.br/bitstream/handle/6368/1/Maria%20Patricia%20Vanzolini%20Figueiredo%20Nemesis.pdf>. Acesso em: 19 maio 2021.

FIORAVANTI, M. **Costituzionalismo**: percorsi della storia e tendenze attuali. Roma-Bari: Laterza, 2009.

FONSECA, A. C. M. **Biopolítica e direito**: fabricação e ordenação do corpo moderno. Belo Horizonte: Arraes Editores, 2016.

FONSECA, M. A. da. **Michel Foucault e o direito**. São Paulo: Max Limonad, 2002.

FONSECA, R. M. **Introdução teórica à história do direito**. Curitiba: Juruá, 2009.

FONSECA, R. M. O poder entre o direito e a norma: Foucault e Deleuze na teoria do estado. In: FONSECA, R. M. (Org.). **Repensando a teoria do Estado**. Belo Horizonte: Fórum, 2004. p. 259-281.

FOUCAULT, M. **As palavras e as coisas**: uma arqueologia das ciências humanas. São Paulo: M. Fontes, 2000.

FOUCAULT, M. **Os anormais**. São Paulo: M. Fontes, 2001.

FOUCAULT, M. **Vigiar e punir**: nascimento da prisão. Rio de Janeiro: Vozes, 2014.

FREITAS JR, R. de A. **Prisões e quebradas**: o campo em evidência. 100 f. Dissertação (Mestrado em Direito) - Universidade Federal do Paraná, Curitiba, 2017. Disponível em: <https://acervodigital.ufpr.br/bitstream/handle/1884/47783/R%20-%20D%20-%20RENATO%20DE%20ALMEIDA%20FREITAS%20JR.pdf?sequence=1>. Acesso em: 19 maio 2021.

FUNAI – Fundação Nacional do Índio. **Relatório Figueiredo**. v. I. Disponível em: <http://www.docvirt.com/docreader.net/MI_Arquivistico/201427>. Acesso em: 19 maio 2021.

GAROFALO, R. **Criminologia**: studio sul delitto, sulle sue cause e sui mezzi di repressione. Torino: Fratelli Bocca, 1885.

GOFFMAN, E. **Manicômios, prisões e conventos**. 7. ed. São Paulo: Perspectiva, 2001.

GRECO, L. et al. **Autoria como domínio do fato**: estudos introdutórios sobre o concurso de pessoas no direito penal brasileiro. São Paulo: Marcial Pons, 2014.

GROSSI, P. **Mitologias jurídicas da modernidade**. Florianópolis: Fundação Boiteux, 2007.

GRUNER, C. **Paixões torpes, ambições sórdidas**: transgressão, controle social, cultura e sensibilidade moderna em Curitiba, fins do século XIX e início do XX. 342 f. Tese (Doutorado em História) – Universidade Federal do Paraná: Curitiba, 2012. Disponível em: <https://acervodigital.ufpr.br/bitstream/handle/1884/28114/R%20-%20T%20-%20CLOVIS%20GRUNER.pdf?sequence=1See%20More>. Acesso em: 19 maio 2021.

HEGEL, G. W. F. **Princípios da filosofia do direito**. São Paulo: M. Fontes, 1997.

HESPANHA, A. M. Da "iustitia" à "disciplina": textos, poder e política penal no antigo regime. In: HESPANHA, A. M. (Org.). **Justiça e litigiosidade**: história e prospectiva. Lisboa: Fundação Calouste Gulbenkian, 1993. p. 287-379.

HESPANHA, A. M. **O direito democrático numa era pós-estatal**: a questão política das fontes de direito. 2018. Publicação independente. E-book Kindle.

HESPANHA, A. M. Porque é que existe e em que é que consiste um direito colonial brasileiro. In: GROSSI, P. (Ed.). **Quaderni fiorentini per la storia del pensiero giuridico moderno**, v. 35, tomo I, p. 59-81, 2006. Disponível em: <http://www.centropgm.unifi.it/cache/quaderni/35/0060.pdf>. Acesso em: 20 maio 2021.

HIRDES, A. A reforma psiquiátrica no Brasil: uma (re) visão. **Ciência & Saúde Coletiva**, Rio de Janeiro, v. 14, n. 1, p. 297-305, jan./fev. 2009. Disponível em: <http://www.scielo.br/scielo.php?script=sci_arttext&pid=S1413-81232009000100036&lng=en&nrm=iso>. Acesso em: 20 maio2021.

INSTITUTE FOR ECONOMICS & PEACE. **Global Peace Index 2019**: Measuring Peace in a Compex World. 2019. Disponível em: <https://www.economicsandpeace.org/wp-content/uploads/2020/08/GPI-2019web.pdf>. Acesso em: 13 maio 2021.

JAKOBS, G. **Derecho Penal parte general**: fundamentos y teoría de la imputación. Madrid: Marcial Pons, 1995. p. 18-19.

KANT, I. **Metafísica dos costumes**. São Paulo: Edipro, 2020.

LOBATO, J. B. R. M. **Negrinha**. São Paulo: Globo, 2008 [1920].

LOMBROSO, C. et al. **Polemica in difesa della scuola criminale positiva**. Bologna: Nicola Zanichelli, 1886.

LOMBROSO, C. **L'uomo delinquente in rapporto all'antropologia, alla giurisprudenza ed alla psichiatria**: cause e rimedi. Torino: Fratelli Bocca, 1897. Disponível em: <http://www.dominiopublico.gov.br/download/texto/lb000866.pdf>. Acesso em: 20 maio 2021.

MANSO, B. P.; DIAS, C. N. **A ascensão do PCC e o mundo do crime no Brasil**. São Paulo: Todavia, 2018.

MECCARELLI, M. Fuori dalla società: emergenza politica, espansione del sistema penale e regimi della legalità nel tardo Ottocento – una comparazione tra Italia e Francia. In: COLAO, F. et al. (Ed.). **Perpetue appendici e codicilli alle leggi italiane**: le circolari ministeriali, il potere regolamentare e la politica del diritto in Italia tra Otto e Novecento. [s.l.], Università di Macerata, 2011. p. 465-487.

MELOSSI, D.; PAVARINI, M. **Cárcere e Fábrica**: as origens do Sistema Penitenciário (séculos XVI – XIX). Rio de Janeiro: Revan, 2006.

MICHAELIS Dicionário Brasileiro da Língua Portuguesa. São Paulo: Melhoramentos, 2021. Formato digital. Disponível em: <https://michaelis.uol.com.br/moderno-portugues/>. Acesso em: 20 maio 2021.

NOGUEIRA, R. F. B. **Delito político e criminologia positivista**: reflexos doutrinários do duplo nível de legalidade na obra de Raffaele Garofalo. 61 f. Trabalho de Conclusão de Curso (Graduação) – Universidade Estadual de Maringá, Maringá, 2016.

NOGUEIRA, R. F. B. Ilegalismo, ilegalístico e duplo nível de legalidade: uma possível conexão entre os trabalhos de Michel Foucault e Mario Sbriccoli. In: CONGRESSO BRASILEIRO DE HISTÓRIA DO DIREITO, 9., 2017, Rio de Janeiro. **Resumos...** Rio de Janeiro: Instituto Brasileiro de História do Direito, 2017.

NOGUEIRA, R. F. B. **Sciencia requentada e debates parlamentares**: a cultura jurídica penal brasileira e os debates sobre a pena de morte no Congresso Constituinte de 1890. 149 f. Dissertação (Mestrado em Direito) – Universidade Federal do Paraná. Curitiba, 2018. Disponível em: <https://acervodigital.ufpr.br/bitstream/handle/1884/56641/R%20-%20D%20-%20RAUL%20FERREIRA%20BELUCIO%20NOGUEIRA.pdf?sequence=1&isAllowed=y>. Acesso em: 20 maio 2021.

NUCCI, G. de S. **Código Penal comentado**. São Paulo: Revista dos Tribunais, 2013.

NUCCI, G. de S. **Curso de execução penal**. Rio de Janeiro: Forense, 2020a.

NUCCI, G. de S. **Pacote anticrime comentado**. Rio de Janeiro: Forense, 2020b.

NUNES, D. Processo legislativo para além do parlamento em Estados autoritários: uma análise comparada entre os Códigos Penais Italiano de 1930 e Brasileiro de 1940. **Sequência**, Florianópolis, n. 74, p. 153-180, set./dez. 2016. Disponível em: <http://www.scielo.br/scielo.php?script=sci_arttext&pid=S2177-70552016000300153&lng=en&nrm=iso>. Acesso em: 20 maio 2021.

OLIVEIRA, L. Não fale do Código de Hamurabi!: a pesquisa sócio-jurídica na pós-graduação em direito. In: OLIVEIRA, L. **Sua excelência e comissário**: e outros ensaios de sociologia jurídica. Rio de Janeiro: Letra Legal, 2004. p. 136-167.

OTONI, L. Pesquisas abordam relação entre vulnerabilidade, imprensa e prisões. 11 mar. 2020. Disponível em: <https://www.cnj.jus.br/pesquisas-abordam-relacao-entre-vulnerabilidade-imprensa-e-prisoes/>. Acesso em: 4 jun. 2021.

PERRONE, P. A. K. A comunidade terapêutica para recuperação da dependência do álcool e outras drogas no Brasil: mão ou contramão da reforma psiquiátrica? **Ciência & Saúde Coletiva**, v. 19, n. 2, p. 569-580, fev. 2014. Disponível em: <https://doi.org/10.1590/1413-81232014192.00382013>. Acesso em: 20 maio 2020.

PERROT, M. **Os excluídos da história**. Rio de Janeiro: Paz e Terra, 2006.

PESSOTTI, I. **O século dos manicômios**. São Paulo: Ed. 34, 1996.

PINTO, R. S. G. Justiça restaurativa é possível no Brasil? In: SLAKMON, C., DE VITTO, R.; PINTO, R. (Org.). **Justiça restaurativa**. Brasília: Ministério da Justiça; Programa das Nações Unidas para o Desenvolvimento, 2005. p. 19-39. Disponível em: <https://carceraria.org.br/wp-content/uploads/2014/07/Coletanea-de-Artigos-Livro-Justi%C3%A7a-Restaurativa.pdf>. Acesso em: 20 maio 2021.

PRADO, A. M.; SCHINDLER, D. A medida de segurança na contramão da Lei de Reforma Psiquiátrica: sobre a dificuldade de garantia do direito à liberdade a pacientes judiciários. **Revista Direito GV**, São Paulo, v. 13, n. 2, p. 628-652, maio/ago. 2017. Disponível em: <http://www.scielo.br/scielo.php?script=sci_arttext&pid=S1808-24322017000200628&lng=en&nrm=iso>. Acesso em: 20 maio 2021.

QUEIROZ, M. V. de. **Messianismo e conflito social**. Rio de Janeiro: Civilização Brasileira, 1966.

QUEIROZ, R. M. R. **A teoria penal de P. J. A. Feuerbach e os juristas brasileiros do século XIX**: a construção do direito penal contemporâneo na obra de P. J. A. Feuerbach e sua consolidação entre os penalistas do Brasil. 395 f. Tese (Doutorado em Direito) – Universidade de São Paulo. São Paulo, 2008. Disponível em: <https://teses.usp.br/teses/disponiveis/2/2139/tde-11112011-112357/pt-br.php>. Acesso em: 20 maio 2021.

REIS JÚNIOR, A. S. Impactos da Lei Antimanicomial às medidas de segurança. Coordenação de tomo de Christiano Jorge Santos. Tomo: Direito Penal. In: CAMPILONGO, C. F.; GONZAGA, A. de A.; FREIRE, A. L. (Coord.). **Enciclopédia jurídica da PUCSP**. São Paulo: PUC-SP, 2017. Disponível em: <https://enciclopediajuridica.pucsp.br/verbete/433/edicao-1/impactos-da-lei-antimanicomial-as-medidas-de-seguranca>. Acesso em: 20 maio 2020.

RNSP — Rede Nossa São Paulo. **Mapa da Desigualdade 2020**. out. 2020. Disponível em: <https://www.nossasaopaulo.org.br/wp-content/uploads/2020/10/Mapa-da-Desigualdade-2020-TABELAS-1.pdf>. Acesso em: 20 maio 2021.

ROXIN, C. **Culpabilidad y prevención en derecho penal**. Madrid: Instituto Editorial Reus, 1981.

RUI, T. Depois da "Operação Sufoco": sobre espetáculo policial, cobertura midiática e direitos na "cracolândia" paulistana. **Contemporânea**, São Carlos, SP, v. 3, n. 2, 2013. Disponível em: <http://www.contemporanea.ufscar.br/index.php/contemporanea/article/view/144>. Acesso em: 20 maio 2021.

SANDEL, M. **Justiça**: o que é fazer a coisa certa. Rio de Janeiro: Civilização Brasileira, 2012.

SANT'ANNA, M. Trabalho e conflitos na casa de correção do Rio de Janeiro. In: BRETAS, M. et al. (Org.). **História das prisões no Brasil**. Rio de Janeiro: Anfiteatro, 2017. v. 1. p. 294-326.

SANTIN, A. C. A. **Perspectivas feministas, interseccionalidades e o encarceramento de mulheres no Brasil (2006-2018)**. 189 f. Tese (Doutorado em Ciência Política) – Universidade Federal do Rio Grande do Sul, Porto Alegre, 2019. Disponível em: <https://lume.ufrgs.br/bitstream/handle/10183/197039/001095611.pdf?sequence=1&isAllowed=y>. Acesso em: 20 maio 2021.

SANTOS, J. C. **Direito penal**: parte geral. Curitiba: ICPC, 2014.

SANTOS, M. de O. **Pessoas idosas no sistema prisional**: um estudo exploratório a partir do censo penitenciário de 2014. 72 f. Dissertação (Mestrado em Desenvolvimento, Sociedade e Cooperação Internacional) — Universidade de Brasília, Brasília, 2018. Disponível em: <https://repositorio.unb.br/bitstream/10482/32280/1/2018_MichelledeOliveiraSantos.pdf>. Acesso em: 20 maio 2021.

SAVI, M. R. **"Vossa majestade imperial, porém, resolverá o mais justo"**: um olhar sobre clemência imperial e condenação de escravos à morte no Brasil (1853-1878). 128 f. Dissertação (Mestrado em Direito) - Centro Universitário Internacional, Curitiba, 2018. Disponível em: <https://www.uninter.com/mestrado/wp-content/uploads/2020/05/MARTA-REGINA-SAVI.pdf>. Acesso em: 20 maio 2021.

SBRICCOLI, M. Beccaria ou l'avènement de l'ordre: le philosophe, les juristes et l'émergeance de la question pénale. In: SBRICCOLI, M. **Storia del diritto penale e della giustizia**. Milano: Giuffrè, 2009a. p. 393-406. (Scritti editi e inediti (1972-2007), tomo I).

SBRICCOLI, M. Giustizia criminale. In: SBRICCOLI, M. **Storia del diritto penale e della giustizia**. Milano: Giuffrè, 2009b. p. 3-46. (Scritti editi e inediti [1972-2007], tomo I).

SCHWARCZ, L. M.; STARLING, H. **Brasil**: uma biografia. 2. ed. São Paulo: Companhia das Letras, 2018.

SIDMAN, M. **Coerção e suas implicações**. São Paulo: Livro Pleno, 2009.

SILVESTRE, G.; MELO, F. A. L. de. Encarceramento em massa e a tragédia prisional brasileira. **Boletim IBCCrim**, n. 293, abr. 2017. Disponível em: <https://arquivo.ibccrim.org.br/boletim_artigo/5947-Encarceramento-em-massa-e-a-tragedia-prisional-brasileira>. Acesso em: 20 maio 2021.

SONTAG, R. **Código criminológico?**: ciência jurídica e codificação penal no Brasil (1888-1899). Rio de Janeiro: Revan, 2014.

THOMPSON, E. P. **Costumes em comum**. São Paulo: Companhia das Letras, 1998.

TORTATO, A. **Um crime de duas cidades**: as façanhas de Papst e Kindermann entre Curitiba e Porto Alegre. 2020. 182 f. Dissertação (Mestrado em História) – Universidade Federal do Paraná, Curitiba, 2020. Disponível em: <https://acervodigital.ufpr.br/bitstream/handle/1884/69739/R%20-%20D%20-%20AMANDA%20CORREA%20TORTATO.pdf?sequence=1&isAllowed=y>. Acesso em: 20 maio 2021.

TRECANNI – Istituto della Enciclopedia Italiana. Disponível em: <https://www.treccani.it/>. Acesso em: 20 maio 2021.

VALLE, G. S. do. **Uma história da cultura jurídica processual penal brasileira (1930-1945)**. 218 f.Dissertação (Mestrado em Direito) – Setor de Ciências Jurídicas, Universidade Federal do Paraná, Curitiba, 2018. Disponível em: <https://acervodigital.ufpr.br/bitstream/handle/1884/58019/R%20-%20D%20-%20GABRIELLE%20STRICKER%20DO%20VALLE.pdf?sequence=1&isAllowed=y>. Acesso em: 20 maio 2021.

VARELLA, D. **Carcereiros**. São Paulo: Companhia das Letras, 2012.

VARELLA, D. **Prisioneiras**. São Paulo: Companhia das Letras, 2017.

VEDOVATO, M. M. **Um olhar sobre a violência sexual nas práticas educativas escolares**: prevenção da violência de gênero e da violação do corpo feminino. 205 f. Dissertação (Mestrado) – Escola de Filosofia, Letras e Ciências Humanas, Universidade Federal de São Paulo, Guarulhos, 2015.

WACQUANT, L. **Punir os pobres**: a nova gestão da miséria nos Estados Unidos. Rio de Janeiro: Revan, 2003.

WEBER, M. **Ciência e política**: duas vocações. São Paulo: M. Claret, 2015.

WEINHARDT, O. A. G. **Delitos etílicos**: embriaguez, criminalidade e justiça (Curitiba, 1890-1920). 249 f. Dissertação (Mestrado em Direito) – Universidade Federal do Paraná, Curitiba, 2019a. Disponível em: <https://www.prppg.ufpr.br/siga/visitante/trabalhoConclusaoWS?idpessoal=57376&idprograma=40001016017P3&anobase=2019&idtc=104>. Acesso em: 20 maio 2021.

WEINHARDT, O. A. G. **Menores problemas, menores soluções**: discursos e práticas em torno da infância marginalizada nas décadas finais do Império do Brasil (Curitiba, 1871-1890). 156 f. Dissertação (Mestrado em História) – Universidade Federal do Paraná. Curitiba, 2019b. Disponível em: <https://acervodigital.ufpr.br/bitstream/handle/1884/64135/R%20-%20D%20-%20OTAVIO%20AUGUSTO%20GANZERT%20WEINHARDT.pdf?sequence=1&isAllowed=y>. Acesso em: 20 maio 2021.

WEINHARDT, O. A. G. O aipim e a espingarda: juventude, criminalidade e pensamento criminológico no século XIX. **Aedos**, v. 9, n. 21, p. 330-347, dez. 2017. Disponível em: <https://seer.ufrgs.br/aedos/article/view/73418/47334>. Acesso em: 20 maio 2021.

WILSON, M. DSM-III and the Transformation of American Psychiatry: a History. **The American Journal of Psychiatry**, v. 150, n. 3, p. 399-410, 1993.

ZAFFARONI, E. R.; ALAGIA, A.; SLOKAR, A. **Manual de derecho penal**. Buenos Aires: Ediar, 2007.

ZAFFARONI, E. R.; PIERANGELI, J. H. **Manual de direito penal brasileiro**. São Paulo: Revista dos Tribunais, 2011.

Sobre os autores

Otávio Augusto Ganzert Weinhardt é doutorando em Filosofia e Teoria Geral do Direito na Universidade de São Paulo (USP). Mestre em Direito e em História pela Universidade Federal do Paraná (UFPR) e bacharel em Direito pela mesma instituição. Professor universitário de diversas disciplinas em universidades públicas e privadas. Desenvolve pesquisas principalmente sobre história do crime e do direito penal.

Raul Ferreira Belúcio Nogueira é doutorando em Direito pela Università degli Studi della Tuscia (UniTus), na Itália. Mestre em Direito pela Universidade Federal do Paraná (UFPR). Bacharel em

Direito pela Universidade Estadual de Maringá (UEM). Professor universitário de diversas disciplinas em universidades públicas e privadas. Desenvolve pesquisas principalmente sobre história do crime e do direito penal.

Os papéis utilizados neste livro, certificados por instituições ambientais competentes, são recicláveis, provenientes de fontes renováveis e, portanto, um meio **respons**ável e natural de informação e conhecimento.

Impressão: Reproset
Fevereiro/2023